Ein Band der zweisprachigen Tusculum-Bücher

Tibulls

ELEGIEN

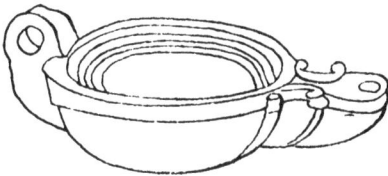

Lateinisch und deutsch
von Werner Fraustadt

Ernst Heimeran Verlag München 1940

Inhalt

Divitias alius fulvo sibi congerat auro
    et teneat culti iugera multa soli,
quem labor adsiduus vicino terreat hoste,
    Martia cui somnos classica pulsa fugent:
me mea paupertas vita traducat inerti,
    dum meus adsiduo luceat igne focus.
ipse seram teneras maturo tempore vites
    rusticus et facili grandia poma manu,
nec spes destituat, sed frugum semper acervos
    praebeat et pleno pinguia musta lacu:
nam veneror, seu stipes habet desertus in agris
    seu vetus in trivio florida serta lapis:
et quodcumque mihi pomum novus educat annus,
    libatum agricolae ponitur ante deo.
flava Ceres, tibi sit nostro de rure corona
    spicea, quae templi pendeat ante fores,
pomosisque ruber custos ponatur in hortis,
    terreat ut saeva falce Priapus aves.
vos quoque, felicis quondam, nunc pauperis agri
    custodes, fertis munera vestra, Lares.
tunc vitula innumeros lustrabat caesa iuvencos,
    nunc agna exigui est hostia parva soli.
agna cadet vobis, quam circum rustica pubes
    clamet 'io messes et bona vina date.'
iam modo iam possim contentus vivere parvo
    nec semper longae deditus esse viae,
sed Canis aestivos ortus vitare sub umbra
    arboris ad rivos praetereuntis aquae.
nec tamen interdum pudeat tenuisse bidentem
    aut stimulo tardos increpuisse boves,
non agnamve sinu pigeat fetumve capellae
    desertum oblita matre referre domum.

An Delia. Lob des Landlebens

Schätze möge, wer mag, sich sammeln an gleißendem Golde,
  haben an Fluren und Feld, was er begehre, zu Hauf,
mag ihn die drückende Qual des Kriegs mit den Nachbarn belasten,
  mag ihm der Hörner Getön scheuchen und schrecken den Schlaf!
Mir gewähr' mein bescheidenes Gut ein geruhsames Leben,
  mir erwärme den Herd heiligen Feuers Geleucht.
Zarte Reben möchte ich setzen zu günstigen Zeiten,
  mit gesegneter Hand pflanzen den fruchtenden Baum.
Hoffnung sei mein Geleit; sie berge zu Haufen die Früchte,
  fülle mit fließendem Most Torkel und Kelter und Faß.
Hoffnung sei mein Geleit; es sprieße am mageren Acker,
  sprosse am Kreuze des Wegs blühender Sträucher Gezweig.
Was mir an Früchten und Obst des Jahres Ernte gewähre,
  sei als Bauerngebet Göttern zum Opfer gebracht.
Blonde Ceres, dir weih' ich die Kränze vom heimischen Acker
  ährenumwunden und bunt, deinem Altare zum Schmuck.
Stehe, Priap, rotschwärzlicher Wächter, in Garten und Haine,
  schrecke der Vögel Gezücht sichelerhobener Hand.
Laren, Hüter des Ackers, der reich einst, der jetzt bescheiden,
  bringt Geschenke herbei unserm Altare zum Schmuck.
Einst entsühnte als Opfer ein Kalb die Herden der Rinder,
  heute den kleineren Kreis sühnt ein bescheidenes Lamm.
Euch auch sühnt ja das Lamm, euch jauchzende Jugend im Wunsche:
  „Ernte gedeihe uns reich, reich auch gedeihe der Wein!"
So, ja so nur falle mein Los mir bescheiden im Kleinen,
  wehre mir widrigen Weg, Not und Verderben und Tod:
Daß ich die hitzigen Tage des Hundes meide im Schatten,
  daß in der Kühle des Baums glückend mir fließe der Fluß.
Ach, ich schäme mich nicht des Werks, zu hüten die Schafe,
  nicht, mit der Härte des Stabs Rinder zu treiben zu Hauf,
nicht, das Zickel, das Lamm, vom Euter der Mutter vertrieben,
  mit behaglicher Hand wieder zu führen zum Heim.

at vos exiguo pecori, furesque lupique,
  parcite: de magno est praeda petenda grege.
hic ego pastoremque meum lustrare quotannis
  et placidam soleo spargere lacte Palem.
adsitis, divi, neu vos e paupere mensa
  dona nec e puris spernite fictilibus.
fictilia antiquus primum sibi fecit agrestis
  pocula, de facili conposuitque luto.
non ego divitias patrum fructusque requiro,
  quos tulit antiquo condita messis avo:
parva seges satis est, satis est requiescere lecto
  si licet et solito membra levare toro.
quam iuvat inmites ventos audire cubantem
  et dominam tenero continuisse sinu
aut, gelidas hibernus aquas cum fuderit Auster,
  securum somnos imbre iuvante sequi.
hoc mihi contingat: sit dives iure, furorem
  qui maris et tristes ferre potest pluvias.
o quantum est auri pereat potiusque smaragdi,
  quam fleat ob nostras ulla puella vias!
te bellare decet terra, Messalla, marique,
  ut domus hostiles praeferat exuvias:
me retinent vinctum formosae vincla puellae,
  et sedeo duras ianitor ante fores.
non ego laudari curo, mea Delia; tecum
  dum modo sim, quaeso segnis inersque vocer.
te spectem, suprema mihi cum venerit hora,
  te teneam moriens deficiente manu.
flebis et arsuro positum me, Delia, lecto,
  tristibus et lacrimis oscula mixta dabis.
flebis: non tua sunt duro praecordia ferro
  vincta, neque in tenero stat tibi corde silex.
illo non iuvenis poterit de funere quisquam
  lumina, non virgo sicca referre domum.

Meine bescheidene Herde mir schont, ihr Wölfe und Diebe;
    reicherer Herde Bestand stehe zum Raube euch frei!
Ich entsühne hier Jahr für Jahr den Hirt und die Herde,
    spende vom Euter die Milch hütendem Gotte zum Lohn.
Seid mir Götter zur Seite, verschmäht nicht die Gaben des Armen,
    die er vom lauteren Tisch lauteren Krügen entnimmt,
Krügen aus Ton, vom sparsamen Acker vor Zeiten gewonnen,
    die mit fingernder Hand einstens der Ahne geformt.
Reichtum der Väter begehre ich nicht, nicht vielfache Ernten,
    wie sie dem würdigen Ahn fetterer Boden gebar.
Magere Ernte ist Segen genug, satt Segen, zu ruhen
    auf bescheidenem Bett, wie es die Glieder gewohnt.
Traulich ist es, im Schlafe befangen die Stürme zu hören,
    die Geliebte im Arm schwellenden Busens geschmiegt,
wenn in schauerndem Strome die Regen peitschen ans Fenster,
    ruhen im Zuge des Traums, wohlig vom Herde erwärmt.
Solches sei mir mein Los, bei Gott, begnadet ist jeder,
    der so des Meeres Getos, windigen Regen erträgt.
Gold verkomme getrost, es vergehe der Glanz des Geschmeides,
    wenn nur ein liebendes Weib hütend den Weg mir betreut.
Dir, Messalla, gebührt der Krieg zu Wasser und Lande,
    und die Beute vom Feind schmücke dein heimisches Haus.
Mich aber halten in Haft die Bande der reizenden Freundin,
    vor den Pforten des Tors sitz' ich, ein Hüter des Glücks.
Ruhm begehre ich nicht, meine Delia, einzig bei dir nur
    weilend möchte ich ruhn, lässig und träge im Tun.
Wenn die Stunde des Todes mir naht, dich fühl' ich zur Seite,
    halte mit fliehender Hand sterbend am Lager dich fest.
Weinen wirst du wohl sehr, meine Delia, wirst mir im Tode
    traurige Tränen im Kuß mischen mit Klagen und Leid.
Weinen wirst du, dein Busen ist nicht in Eisen geschmiedet,
    ach, dein zärtliches Herz, Delia, ist nicht von Stein.
Wenn sie zu Grabe mich tragen, wem blieben die Wimpern da trocken,
    weinend geht da der Knab', weinend das Mädchen nach Haus.

tu manes ne laede meos, sed parce solutis
　　crinibus et teneris, Delia, parce genis.
interea, dum fata sinunt, iungamus amores:
　　iam veniet tenebris Mors adoperta caput,
iam subrepet iners aetas nec amare decebit,
　　dicere nec cano blanditias capite.
nunc levis est tractanda Venus, dum frangere postes
　　non pudet et rixas inseruisse iuvat.
hic ego dux milesque bonus: vos, signa tubaeque,
　　ite procul, cupidis vulnera ferte viris,
ferte et opes: ego conposito securus acervo
　　despiciam dites despiciamque famem.

Liber primus, 2

Adde merum vinoque novos conpesce dolores,
　　occupet ut fessi lumina victa sopor,
neu quisquam multo percussum tempora baccho
　　excitet, infelix dum requiescit amor.
nam posita est nostrae custodia saeva puellae,
　　clauditur et dura ianua firma sera.
ianua difficilis, domini te verberet imber,
　　te Iovis imperio fulmina missa petant.
ianua, iam pateas uni mihi, victa querelis
　　neu furtim verso cardine aperta sones.
et mala siqua tibi dixit dementia nostra,
　　ignoscas: capiti sint precor illa meo.
te meminisse decet, quae plurima voce peregi
　　supplice, cum posti florida serta darem.
tu quoque ne timide custodes, Delia, falle:
　　audendum est, fortes adiuvat ipsa Venus.
illa favet, seu quis iuvenis nova limina temptat,
　　seu reserat fixo dente puella fores;

Meine Manen kränke mir nicht und spare die Zähren,
  schone dein schimmerndes Haar, schone der Wangen Geprang.
Heute, da uns das Glück noch hold, laß Liebe uns pflegen:
  Einst wird kommen der Tod dunkel umhüllend das Haupt.
Einst wird kommen das bittere Alter, das Liebe verbietet;
  schmeicheln ziemt sich gar schlecht für ein ergrauendes Haar.
Heute ist es noch Lust zu lieben, die Türen zu stürmen,
  selbst der Liebe Gezänk stachelt der Liebe Begier.
Hier bin ich Streiter und führender Fürst, – Fanfaren und Zeichen
  weichet hinweg von mir, Wunden bringt dem, der sie wünscht,
bringt ihm auch Tand und Geschmeide, – ich freu' mich gesicherten Gutes,
  Hunger und Prassen fürwahr, beides verachte ich arg.

An Delia. Vor verschlossener Tür

Reiche mir lauteren Wein, die neuen Leiden zu dämpfen,
  daß der lähmende Schlaf banne das Brennen im Aug'.
Keiner wecke mich auf, wenn die Schläfen im Trunke mir pulsen,
  wenn mir der Liebe Not leise sich lindert zur Ruh.
Ach, eine lästige Wache ist meiner Geliebten beschieden,
  ihre Türe verschließt grausam jetzt Riegel und Schloß.
Unbarmherzige Tür! Dich schlage der Hagel der Götter,
  zünde der zürnende Blitz wettergeschmettert von Zeus!
Türe, ach sei du mir willig und offen, erhör' meine Bitten,
  knarre in Gnaden mir nicht, riegle ich heimlich dich auf.
Hab' ich was Hartes gesagt in meiner verwirrten Verliebtheit,
  ach, verzeih mir! Der Fluch treffe mein sündiges Haupt.
Auch erinn're dich wohl, wie oft ich mit flehendem Beten
  blühender Kränze Gezweig dir auf die Schwelle gelegt.
Delia, sei mir nicht allzu bedachtsam und narre den Wächter:
  Wagen muß man die Tat; Venus begnadet, wer wagt.
Sie begnadet den Jüngling, der neuen Schwellen sich anschleicht,
  wenn die Geliebte das Schloß Zahn auf der Lippe bewegt.

illa docet molli furtim derepere lecto,
    illa pedem nullo ponere posse sono,
illa viro coram nutus conferre loquaces
    blandaque conpositis abdere verba notis.
nec docet hoc omnes, sed quos nec inertia tardat
    nec vetat obscura surgere nocte timor.
en ego cum tenebris tota vagor anxius urbe,

    · · · · · · · · · · · ·

nec sinit occurrat quisquam, qui corpora ferro
    vulneret aut rapta praemia veste petat.
quisquis amore tenetur, eat tutusque sacerque
    qualibet: insidias non timuisse decet.
non mihi pigra nocent hibernae frigora noctis,
    non mihi, cum multa decidit imber aqua.
non labor hic laedit, reseret modo Delia postes
    et vocet ad digiti me taciturna sonum.
parcite luminibus, seu vir seu femina fiat
    obvia: celari volt sua furta Venus.
neu strepitu terrete pedum neu quaerite nomen
    neu prope fulgenti lumina ferte face.
siquis et inprudens adspexerit, occulat ille
    perque deos omnes se meminisse neget:
nam fuerit quicumque loquax, is sanguine natam,
    is Venerem e rapido sentiet esse mari.
nec tamen huic credet coniunx tuus, ut mihi verax
    pollicita est magico saga ministerio.
hanc ego de caelo ducentem sidera vidi,
    fluminis haec rapidi carmine vertit iter,
haec cantu finditque solum Manesque sepulcris
    elicit et tepido devocat ossa rogo:
iam tenet infernas magico stridore catervas,
    iam iubet adspersas lacte referre pedem.
cum libet, haec tristi depellit nubila caelo,
    cum libet, aestivo convocat orbe nives.

Sie lehrt listig die schwellenden Lager verstohlen verlassen,
    lehrt, ohne Lärm und Geräusch setzen den tastenden Fuß;
lehrt zu seiten des Gatten beredte Gebärden zu zeigen,
    schmeichelnder Wünsche Betör bergen in deutendem Wort.
Alle lehrt sie es nicht, nur solche, die Trägheit nicht zag macht,
    die im Dunkel der Nacht Bangen und Furcht nicht befällt.
Wenn ich ängstlich in nächtlichen Gassen der Stadt mich verirrte,
    (gäbe sie meinem Begehr schwerlich Gewährung der Tat.)
Doch den Kühnen behütet sie wohl, ihm naht sich kein Räuber,
    der ihm die Kleider entreißt, der ihn mit Wunden bedroht.
Wen die Liebe im Bann hat, geht sicher begnadet des Weges,
    den er sich wünscht; er muß Fallen nicht fürchten noch Feind.
Sieh, mir schaden der Winternacht eisige Winde nur wenig,
    schadet der Schauer auch nicht, der uns beim Regen befällt.
Alles Ungemach fällt von mir ab, wenn Delia endlich
    leise den Riegel mir hebt, schweigenden Finger am Mund.
Meide ein Licht, ob ein Mann dir begegne, ein Weib deine Wege
    kreuze; es bleibe geheim, wenn du auf Liebesraub gehst.
Schrecke nicht durch ein Stolpern des Fußes und frag' nicht nach Namen,
    leuchtet sein Licht dich an, berge bedacht dein Gesicht.
Wenn ein Tor deine Tritte vernimmt, ihn treffe Verwirren
    und bei Göttergebot schwör' das Gehörte er ab.
Wär' dann wahrhaftig noch einer so schwatzhaft, er merke, aus Herzblut,
    merke, aus brandendem Meer Venus zum Lichte entsprang.
Ihm wird selber dein Gatte nicht glauben; so hat's mir versprochen
    im geheiligten Dienst heiliger Seherin Mund.
Selber sah ich die Göttin vom Himmel die Sterne entführen,
    ja, auf ihren Gesang kehren die Flüsse den Lauf;
Felsen spaltet ihr Lied, aus Gräbern ruft sie die Ahnen,
    lockt die Knochen hervor, die schon die Gluten verbrannt.
Bald bezähmt sie der Unterwelt Schar mit Zauber und Zischen,
    sprengt sie mit Milch bald an, lichtwärts zu lenken den Fuß.
Wenn ihr's gefällt, vertreibt sie die Wolken vom düsteren Himmel,
    zaubert, wenn ihr's gefällt, Schnee auf des Sommers Gefild.

sola tenere malas Medeae dicitur herbas,
    sola feros Hecatae perdomuisse canes.
haec mihi conposuit cantus, quis fallere posses:
    ter cane, ter dictis despue carminibus.
ille nihil poterit de nobis credere cuiquam,
    non sibi, si in molli viderit ipse toro.
tu tamen abstineas aliis: nam cetera cernet
    omnia, de me uno sentiet ipse nihil.
quid credam? nempe haec eadem se dixit amores
    cantibus aut herbis solvere posse meos,
et me lustravit taedis, et nocte serena
    concidit ad magicos hostia pulla deos.
non ego totus abesset amor, sed mutuus esset,
    orabam, nec te posse carere velim.
ferreus ille fuit, qui te cum posset habere,
    maluerit praedas stultus et arma sequi.
ille licet Cilicum victas agat ante catervas,
    ponat et in capto Martia castra solo,
totus et argento contextus, totus et auro
    insideat celeri conspiciendus equo,
ipse boves mea si tecum modo Delia possim
    iungere et in solito pascere monte pecus,
et te dum liceat teneris retinere lacertis,
    mollis et inculta sit mihi somnus humo.
quid Tyrio recubare toro sine amore secundo
    prodest, cum fletu nox vigilanda venit?
nam neque tunc plumae nec stragula picta soporem
    nec sonitus placidae ducere posset aquae.
num Veneris magnae violavi numina verbo,
    et mea nunc poenas inpia lingua luit?
num feror incestus sedes adiisse deorum
    sertaque de sanctis deripuisse focis?
non ego, si merui, dubitem procumbere templis
    et dare sacratis oscula liminibus,

Sie nur, sagt man, besitze die giftigen Kräuter Medeas,
    sie nur zügelt im Zaun Hekates Hundegeschmeiß.
Sie auch lehrte mich diesen Gesang zu tören, zu täuschen:
    dreimal singe, bespei' dreimal den zaubernden Spruch.
So kann keinem dein Gatte ein Unrecht über uns glauben,
    sich selbst nicht, wenn er mich lieblich gebettet dir sieht.
Du aber meide mir fremde Männer, denn alles erspäht er,
    nur meinem eigenen Tun ist er verschlossen und blind.
Was soll ich glauben? Denn eben die Göttin vermag unsre Liebe
    leichtlich zu lösen durch Trank, leichtlich durch Zaubergesang,
und doch zündete Fackeln sie an und opferte dunkeln
    Göttern in heiterer Nacht heimlich den finsteren Bock.
Daß wir die Liebe nicht völlig entbehren, daß Liebe zu Liebe
    komme, geht mein Gebet; ohne dich kann ich nicht sein.
Wahrlich, der wäre von Eisen, der deiner Liebe gewärtig
    wie ein geblendeter Tor Beute ersehnte und Krieg!
Gerne mag er als Sieger im Felde die Feinde vertreiben
    und auf erobertem Land Lager des Mars sich erbau'n,
ganz von Silber bedeckt und ganz von leuchtendem Golde
    staunendem Volke zur Schau reiten auf feurigem Roß.
Mir genügt es, mit dir, meine Delia, Rinder zu weiden
    und vom heimischen Berg Herden zu treiben ins Tal,
dich, wenn der Wunsch uns wird, in zärtlichen Armen zu halten;
    wohlig wird uns der Schlaf auch auf dem mageren Land.
Was nützt tyrisches Purpurlager, wenn günstige Liebe
    fehlt, wenn einsame Nacht wachend im Weinen mir naht?
Nicht die Federn des Betts und nicht die gemusterten Decken,
    nicht des Regens Geräusch bringen gesegneten Schlaf.
Hab' ich der heiligen Liebe Geheiß im Eifer beleidigt?
    Schlägt nun den spottenden Mund strafend der göttliche Zorn?
Trieb mich ein zuchtloser Rausch, die Türen der Götter zu stürmen?
    Riß ich vom hohen Altar Kränze in niederen Staub?
Zögern würde ich nicht, die Stirne dem Tempel zu beugen,
    küssend des Gottes Gemach, wenn ich den Frevel beging,

non ego tellurem genibus perrepere supplex
    et miserum sancto tundere poste caput.
at tu, qui laetus rides mala nostra, caveto
    mox tibi: non unus saeviet usque deus.
vidi ego, qui iuvenum miseros lusisset amores,
    post Veneris vinclis subdere colla senem
et sibi blanditias tremula conponere voce
    et manibus canas fingere velle comas,
stare nec ante fores puduit caraeve puellae
    ancillam medio detinuisse foro.
hunc puer, hunc iuvenis turba circumterit arta,
    despuit in molles et sibi quisque sinus.
at mihi parce, Venus: semper tibi dedita servit
    mens mea: quid messes uris acerba tuas?

Liber primus, 3

Ibitis Aegaeas sine me, Messalla, per undas,
    o utinam memores ipse cohorsque mei!
me tenet ignotis aegrum Phaeacia terris,
    abstineas avidas Mors modo nigra manus.
abstineas, Mors atra, precor: non hic mihi mater
    quae legat in maestos ossa perusta sinus,
non soror, Assyrios cineri quae dedat odores
    et fleat effusis ante sepulcra comis,
Delia non usquam; quae me cum mitteret urbe,
    dicitur ante omnes consuluisse deos.
illa sacras pueri sortes ter sustulit, illi
    rettulit e triviis omnia certa puer.
cuncta dabant reditus: tamen est deterrita numquam,
    quin fleret nostras respiceretque vias.
ipse ego solator, cum iam mandata dedissem,
    quaerebam tardas anxius usque moras.

nicht, die Erde mit Knieen zu reiben in Inbrunst und Demut,
   mir am geheiligten Tor blutig zu stoßen das Haupt.
Hüte du dich, der du mit Lust meine Leiden verspottest,
   dir dann, nicht immer nur mir, grollt der beleidigte Gott.
Sah ich doch, wer der Jünglinge Liebe, die glücklos, verlachte,
   beugte als Greis sein Haupt kläglich den Fesseln der Lust;
sah, wie er schmeichelnde Worte mit zitternder Stimme sich formte
   und mit gebrechlicher Hand pflegte sein alterndes Haar;
und sich nicht schämte, vor Türen zu warten und seiner Geliebten
   Magd inmitten des Markts stellen zum Flüstergespräch.
Ihn umringen in drängender Schar der Knabe, der Jüngling,
   und in das Busengewand jeder verwahrend sich spuckt.
Mir aber, Göttin, sei gnädig! Ich diente dir immer in Züchten:
   Herbe, was schändest du selbst deine geheiligte Saat?

An Messalla. Lob des goldenen Zeitalters

Ohne den Dichter befährst du, Messalla, die Wogen des Meeres,
   oh, sei meiner gedenk, du und der Deinen Geleit!
Kerkyras fremde Erde hält krank mich in Haft und in Banden.
   Halte die gierige Hand, grausamer Tod, noch zurück!
Halte, grausamer Tod, die Hand zurück, fehlt doch die Mutter,
   die das verbrannte Gebein weinend am Busen sich birgt,
fehlt die Schwester, der Asche assyrische Düfte zu mischen,
   die mit gelöstem Haar Tränen der Trauer vergießt.
Ach, auch Delia fehlt, die einst für den scheidenden Krieger
   sorgend in ihrer Not sämtliche Götter befragt.
Dreimal zog sie das Los aus der Hand des Knaben und dreimal
   gab das geheiligte Los günstiger Zukunft Gewähr.
Sichere Heimkehr sagte es an, doch immer in Inbrunst
   flehte und bat sie herab Segen dem dornigen Weg.
Trost sprach ich selber ihr zu mit letzten scheidenden Worten,
   suchte in heimlicher Angst Gründe für Rast und Verzug.

aut ego sum causatus aves aut omina dira,
    Saturni sacram me tenuisse diem.
o quotiens ingressus iter mihi tristia dixi
    offensum in porta signa dedisse pedem!
audeat invito ne quis discedere Amore,
    aut sciat egressum se prohibente deo.
quid tua nunc Isis mihi, Delia, quid mihi prosunt
    illa tua totiens aera repulsa manu,
quidve, pie dum sacra colis, pureque lavari
    te – memini – et puro secubuisse toro?
nunc, dea, nunc succurre mihi – nam posse mederi
    picta docet templis multa tabella tuis –,
ut mea votivas persolvens Delia voces
    ante sacras lino tecta fores sedeat
bisque die resoluta comas tibi dicere laudes
    insignis turba debeat in Pharia.
at mihi contingat patrios celebrare Penates
    reddereque antiquo menstrua tura Lari.
quam bene Saturno vivebant rege, priusquam
    tellus in longas est patefacta vias!
nondum caeruleas pinus contempserat undas,
    effusum ventis praebueratque sinum,
nec vagus ignotis repetens conpendia terris
    presserat externa navita merce ratem.
illo non validus subiit iuga tempore taurus,
    non domito frenos ore momordit equus,
non domus ulla fores habuit, non fixus in agris,
    qui regeret certis finibus arva, lapis.
ipsae mella dabant quercus, ultroque ferebant
    obvia securis ubera lactis oves.
non acies, non ira fuit, non bella, nec ensem
    inmiti saevus duxerat arte faber.
nun Iove sub domino caedes et vulnera semper,
    nunc mare, nunc leti mille repente viae.

Schützte den Vogelflug vor und andere widrige Zeichen,
  einen geheiligten Tag, der zum Verweilen mich zwang.
Oft auch schwante mir Unheil für meine leidige Reise,
  weil an die Schwelle der Tür stolpernden Fußes ich stieß.
Keiner wage es wider den Willen der Liebsten zu scheiden,
  denn er wisse genau, daß es der Gott ihm verbot.
Ach, was nützt deine Isis mir, Delia, nützen die Klappern,
  die du mit emsiger Hand göttlichem Dienste geweiht!
Was, daß eifrig du Opfer ihr bringst und daß du im Bade
  keusch und rein deinen Leib, keusch auf dem Bette ihn hältst!
Eile mir, Göttin, ach eil' mir zu Hilfe, bei dir ist die Rettung,
  wie der Täfelchen Dank deines Altares uns zeigt.
Siehe, dann sitzt meine Delia preisende Lieder dir weihend,
  weiß in Leinen geschmückt deinem Altare zu Fuß
zweimal des Tags, die Haare gelöst, Gebete verrichtend
  wie die liebliche Schar, die dich auf Pharos verehrt.
Mir aber sei es vergönnt, die heimischen Götter zu feiern
  und dem Ahnenaltar festliche Opfer zu weih'n.
Ach, wie glücklich lebten sie einst, als Saturn noch der Herrscher,
  als die Erde noch eng, als noch verschlossen das All;
als kein Kahn noch auf dunkelen Wogen das Weite erstrebte,
  segelgebläht im Sturm fremden Gewalten zum Trotz;
als noch kein fahrender Seemann aus fernen Welten die Ware
  seinem Schiffe vertraut, gierig bedacht auf Gewinn;
als der trotzige Stier noch nicht dem Joch unterworfen,
  nicht vom Zügel bezähmt schäumenden Maules das Roß;
keine Türe verschlossen noch war, kein Grenzstein am Acker,
  daß in geregeltem Maß jeder bebaue das Land;
als die Eichen den Tau noch spendeten, strotzenden Euters
  jeglichem nach Bedarf Labe noch schenkte das Lamm.
Wer kannte Heere und Haß und Krieg? Kein mordendes Schwert noch
  schuf mit verderblicher Kunst unheilbesessen der Schmied.
Jetzt, da Zeus unser Herrscher, droht Tod an Ecken und Wegen,
  Tod in der Tiefe des Meers, tausendfach Tod in der Schlacht.

parce, pater. timidum non me periuria terrent,
    non dicta in sanctos inpia verba deos.
quodsi fatales iam nunc explevimus annos,
    fac lapis inscriptis stet super ossa notis:
hic iacet inmiti consumptus morte Tibullus,
    Messallam terra dum sequiturque mari.
sed me, quod facilis tenero sum semper Amori,
    ipsa Venus campos ducet in Elysios.
hic choreae cantusque vigent, passimque vagantes
    dulce sonant tenui gutture carmen aves,
fert casiam non culta seges, totosque per agros
    floret odoratis terra benigna rosis:
ac iüvenum series teneris inmixta puellis
    ludit, et adsidue proelia miscet Amor.
illic est, cuicumque rapax mors venit amanti,
    et gerit insigni myrtea serta coma.
at scelerata iacet sedes in nocte profunda
    abdita, quam circum flumina nigra sonant:
Tisiphoneque inpexa feros pro crinibus angues
    saevit, et huc illuc inpia turba fugit:
tunc niger in porta serpentum Cerberus ore
    stridet et aeratas excubat ante fores.
illic Iunonem temptare Ixionis ausi
    versantur celeri noxia membra rota,
porrectusque novem Tityos per iugera terrae
    adsiduas atro viscere pascit aves.
Tantalus est illic, et circum stagna, sed acrem
    iam iam poturi deserit unda sitim,
et Danai proles, Veneris quod numina laesit,
    in cava Lethaeas dolia portat aquas.
illic sit, quicumque meos violavit amores,
    optavit lentas et mihi militias.
at tu casta precor maneas, sanctique pudoris
    adsideat custos sedula semper anus.

Gnade gib, Vater der Götter, – mich schrecken nicht Flüche noch Schwüre,
    mich, den Ängstlichen, nicht frevelnder Worte Verderb.
Wenn ein widrig Geschick schon jetzt meine Jahre beendet,
    gib dem Grabe, dem Stein Ehre und würdiges Wort:
„Hier ruht Tibull, der Messalla zu Wasser und Lande gefolgt war,
    den uns ein grausamer Tod vor der Vollendung entriß!"
Mich aber, der ich allzeit der Liebe ein züchtiger Diener,
    führe an hütender Hand Venus zum heiteren Hain,
wo die Chöre und Hymnen ertönen, wo flatternde Vögel
    singen ihr süßestes Lied, edelster Kehle Geschmeid,
wo ohne Fleiß und Bemühen die zartesten Blumen gedeihen,
    wo in gnadender Pracht selig die Rose sich gibt;
wo der Jünglinge Schar im Reigen der reizenden Mädchen
    tändelt und tanzt, und Gott lieblich im Spiele sich mischt.
Hier aber rafft der rasende Tod den Liebenden, reißt ihm
    von dem prangenden Haupt ohne Erbarmen den Kranz.
Hier im Dunkel der Nacht haust finster verborgen der Hölle
    Grauen, das düster umtost brandender Flüsse Gebraus
Tisiphone, das Haupt statt der Haare von fordernden Schlangen
    rot umschlungen, sie peitscht Sünder in Öde umher.
Vor der Grotte der Vipern zischt Cerberus giftigen Maules,
    schwarz und gnadenlos wacht wütend der Hund vor dem Tor.
Ixion, der einst Juno im Frevel begehrte, er büßt am
    rollend geschwungenen Rad ewig die grausige Tat;
riesengroß über die Erde gespannt ächzt Tityos klagend,
    und der Geier Begier reißt ihm die Leber vom Leib.
Tantalus steht inmitten des Sees, dem brennenden Durste,
    ach, versagt sich, entweicht fliehend der kühlende Trunk,
und des Danaus Schar, die der Liebe Gebote verletzte,
    schöpft in gelöchertes Faß endlos das flüchtige Naß.
Dort möge sein, wer meine Geliebte in Sünden begehrte,
    sein, wer lästigen Krieg meinem Behagen gewünscht.
Du aber bleibe mir treu, und deine geheiligte Reinheit
    hüte in sorgender Wacht emsig die alternde Ahn',

haec tibi fabellas referat positaque lucerna
    deducat plena stamina longa colu,
at circa gravibus pensis adfixa puella
    paulatim somno fessa remittat opus.
tunc veniam subito, nec quisquam nuntiet ante,
    sed videar caelo missus adesse tibi.
tunc mihi, qualis eris, longos turbata capillos,
    obvia nudato, Delia, curre pede.
hoc precor, hunc illum nobis Aurora nitentem
    luciferum roseis candida portet equis.

Liber primus, 4

'Sic umbrosa tibi contingant tecta, Priape,
    ne capiti soles, ne noceantque nives:
quae tua formosos cepit sollertia? certe
    non tibi barba nitet, non tibi culta coma est,
nudus et hibernae producis frigora brumae,
    nudus et aestivi tempora sicca Canis'
sic ego; tum Bacchi respondit rustica proles
    armatus curva sic mihi falce deus:
'o fuge te tenerae puerorum credere turbae,
    nam causam iusti semper amoris habent.
hic placet, angustis quod equom conpescit habenis,
    hic placidam niveo pectore pellit aquam,
hic, quia fortis adest audacia, cepit; at illi
    virgineus teneras stat pudor ante genas.
sed ne te capiant, primo si forte negabit,
    taedia: paulatim sub iuga colla dabit.
longa dies homini docuit parere leones,
    longa dies molli saxa peredit aqua;
annus in apricis maturat collibus uvas,
    annus agit certa lucida signa vice.

Märchen erzählend am Herde beim traulichen Scheine der Lampe
    und vom Rocken den Flachs spinnend zu Fäden und Zwirn;
langsam der dienenden Magd, vom Werken des Tages ermüdet,
    sinkt die Hand in den Schoß, mählich befällt sie der Schlaf.
Da erscheine ich plötzlich und keiner vermelde mein Kommen,
    wie vom Himmel gesandt steh' ich errötend vor dir.
Du nahst mir, wie du bist, die langen Haare verworren,
    eilst mit nackendem Fuß, Delia, liegst mir am Hals.
Solches ersehn' ich, und so erfülle den Wunsch uns Aurora;
    leuchtend im Rosengespann führe den Tag sie herauf.

An Marathus. Fluch der Feilheit

„Möge, Priap, ein schattiges Dach dich schützend behüten,
    daß nicht Sonne noch Schnee Leiden dir bringen und Pein.
Sage, wie fingst du mit List dir doch ein die lieblichen Knaben,
    der du den Bart nicht gesalbt, der du dein Haar nicht gepflegt?
Der du nackend erträgst die schneidende Kälte des Winters,
    nackend in Tagen des Hunds glutende Hitze und Staub?"
So meine Rede; zur Antwort des Bacchus ländlicher Knabe
    gab mir mit heiterem Sinn sichelbewaffnet der Gott:
„Ferne sei dir, den zarten Gestalten der Knaben zu trauen,
    bietet doch jeglicher Zeit jeder zur Liebe sich dar.
Prahlt der eine, mit zügelndem Zaume die Rosse zu zähmen,
    prangt des anderen Brust schneeig im lindigen Bad.
Fordert des einen Begier dich zur Tat, so steht dir der andre
    lieblich in reizender Scham zärtlichster Wangen Verführ.
Auch Verdruß vergräme dich nicht, wenn Liebe verwehrt wird,
    mählich beugt er sein Haupt, gibt deinem Willen sich preis.
Mühsam von Tag zu Tag bezähmten die Menschen die Löwen,
    mühsam von Tag zu Tag sägt sich der Fluß in den Fels.
Siehe, es reift das Jahr auf sommernden Hügeln die Trauben,
    schwingt in gesicherter Bahn Sterne am Himmelsgezelt.

nec iurare time: Veneris periuria venti
    inrita per terras et freta summa ferunt.
gratia magna Iovi: vetuit pater ipse valere,
    iurasset cupide quidquid ineptus amor,
perque suas inpune sinit Dictynna sagittas
    adfirmes crines perque Minerva suos.
at si tardus eris, errabis: transiet aetas.
    quam cito non segnis stat remeatque dies,
quam cito purpureos deperdit terra colores,
    quam cito formosas populus alta comas!
quam iacet, infirmae venere ubi fata senectae,
    qui prior Eleo est carcere missus equus!
vidi iam iuvenem, premeret cum serior aetas,
    maerentem stultos praeteriisse dies.
crudeles divi! serpens novus exuit annos,
    formae non ullam fata dedere moram.
solis aeterna est Baccho Phoeboque iuventas,
    nam decet intonsus crinis utrumque deum.
tu, puero quodcumque tuo temptare libebit,
    cedas: obsequio plurima vincet amor.
neu comes ire neges, quamvis via longa paretar
    et Canis arenti torreat arva siti,
quamvis praetexens picta ferrugine caelum
    venturam amiciat imbrifer arcus aquam.
vel si caeruleas puppi volet ire per undas,
    ipse levem remo per freta pelle ratem.
nec te paeniteat duros subiisse labores
    aut opera insuetas atteruisse manus,
nec, velit insidiis altas si claudere valles,
    dum placeas, umeri retia ferre negent.
si volet arma, levi temptabis ludere dextra:
    saepe dabis nudum, vincat ut ille, latus.
tunc tibi mitis erit: rapias tum cara licebit
    oscula: pugnabit, sed tamen apta dabit.

Schwüre auch kannst du gebrauchen, der Liebe Schwüre verwehen
    ungestraft über das Land, über das wogende Meer.
Dank und Ehre sei Zeus, der den Eiden Erfüllung versagte,
    die in Liebe verwirrt lüstern ein Törichter schwört.
Straflos ließ Diktynna den Eid bei den heiligen Pfeilen,
    straflos Minerva den Schwur, der ihren Haaren geweiht.
Glaubst du, daß Zaudern dir nützt, so irrst du; es eilen die Zeiten,
    ach, der tätige Tag steigt und entschwindet gar schnell.
Ach, wie eilig verblassen die Farben der prangenden Felder,
    und von der Pappel wie schnell blättert zur Erde das Laub.
Bald rastet müde das Roß von der Schwäche des Alters befallen,
    das aus olympischem Stall einst in die Ferne gesprengt.
Mancher der Knaben schon kam mir zu Augen, den Alter bedrückte,
    trauernd, daß er die Zeit ohne Genießen verbracht.
Grausame Götter! Die Schlange vermag ihrer Haut zu entschlüpfen,
    andrer Geschöpfe Gestalt habt ihr die Dauer versagt.
Bacchus nur und Apoll ist die ewige Jugend verliehen,
    ungeschoren das Haupt schreiten sie beide dahin.
Du aber tu, wozu dein Knabe dich sucht zu verlocken,
    gibst du ihm nach, sei gewiß, daß er in Liebe dir folgt.
Weig're dich nicht, ihm Begleiter zu sein, wenn weit auch die Wege,
    wenn die brennende Glut dürstende Äcker verdorrt,
wenn der Himmel von Wolken umhüllt, wenn in düsterem Dunkel
    kommenden Wetters Gefahr, Regen und Blitze dir drohn.
Wenn er sich wünscht, auf wendigem Kahn den See zu befahren,
    führe mit kundiger Hand sicher den Nachen zum Ziel.
Scheue dich nicht, so hart auch das Werk, es selber zu wirken,
    wenn auch die zarte Hand schmerzend in Schwielen dich quält;
nicht, wenn er weite Täler zur Jagd mit Fallen will sperren,
    schulternd der Netze Last selber zu tragen zum Berg.
Will er Geplänkel, versuche mit leichter Rechten zu spielen,
    biet ihm, daß Sieger er sei, oft eine Blöße zur Schau.
Dann wird er willig dir sein und dulden, daß du ihm Küsse
    raubst, und wehrt er sich noch, hält er doch zögernd dir stand.

rapta dabit primo, post offeret ipse roganti,
 post etiam collo se inplicuisse velit.
heu male nunc artes miseras haec saecula tractant:
 iam tener adsuevit munera velle puer.
at tu, qui venerem docuisti vendere primus,
 quisquis es, infelix urgeat ossa lapis.
Pieridas, pueri, doctos et amate poetas,
 aurea nec superent munera Pieridas.
carmine purpurea est Nisi coma: carmina ni sint,
 ex umero Pelopis non nituisset ebur.
quem referent Musae, vivet, dum robora tellus,
 dum caelum stellas, dum vehet amnis aquas.
at qui non audit Musas, qui vendit amorem,
 Idaeae currus ille sequatur Opis
et tercentenas erroribus expleat urbes
 et secet ad Phrygios vilia membra modos.
blanditiis volt esse locum Venus ipsa: querelis
 supplicibus, miseris fletibus illa favet.'
haec mihi, quae canerem Titio, deus edidit ore,
 sed Titium coniunx haec meminisse vetat.
pareat ille suae: vos me celebrate magistrum,
 quos male habet multa callidus arte puer.
gloria cuique sua est: me, qui spernentur, amantes
 consultent: cunctis ianua nostra patet.
tempus erit, cum me Veneris praecepta ferentem
 deducat iuvenum sedula turba senem.
heu heu quam Marathus lento me torquet amore!
 deficiunt artes deficiuntque doli.
parce, puer, quaeso, ne turpis fabula fiam,
 cum mea ridebunt vana magisteria.

Erst nur nimmt er geraubte, bald bietet er selbst sich zum Kusse,
  bald auch schmeichelnden Sinns schmiegt er dem Halse sich an.
Ach, welch elende Künste begünstigt die Schmach dieser Zeiten:
  schon bedingt sich der Knab', daß du ihm Gaben verehrst.
Du aber, der du zuerst die Liebe käuflich gemacht hast,
  wer du auch seist, ein Stein martre die Glieder dir wund!
Heilige Dichter und Seher, ihr Knaben, verehrt nur durch Liebe,
  goldene Gaben, o nein, machen die Dichter nicht hold.
Nisus Haar ist im Liede nur licht; wenn Lieder nicht sängen,
  glänzte wie Elfenbein nie Tantalus' schneeiger Hals.
Wen die Muse besang, der lebt, wo Eichen auf Erden,
  Sterne am Himmelsgezelt, Fluten im Flusse noch sind.
Doch wer die Musen nicht hört, wem käuflich die Gnade der Liebe,
  folge dem Wagen der Ops, den sie auf Ida einst fuhr,
fülle mit seinem Wahn die tausend Städte des Erdballs,
  stümmle auf phrygische Art geilende Glieder sich ab.
Schmeichelndem Flehen schenkt Venus Gewähr, begünstigt die Wünsche
  innigem Bitten Verheiß, klagendem Beten Gehör."
Dem Titius dieses zu singen befahl der Gott meinem Munde,
  daß er's befolge, verbot Titius' ehrsames Weib.
Er gehorche dem Weibe; ihr mögt meine Lehren befolgen,
  ihr, die mit Schläue und Kunst übel ein Knabe betört.
Jedem sein eigner Beruf: Mich soll, wer liebt und verschmäht ward,
  fragen um Rat: ihm steht immerdar offen mein Tor.
Einst kommt die Zeit, da mich, den Dichter der Lehren der Liebe,
  Knaben voll Lernbegier, allwegs geleiten, den Greis.
Ach, ach wie quält mich mit seiner so lauen Liebe Marathus!
  Nichts vermag meine Kunst, nichts auch vermag meine List.
Schone mich, Knabe, daß nicht mein Leben zur Fabel entstellt wird,
  daß meine Lehre mir nicht werde als Wahnsinn verlacht.

Asper eram et bene discidium me ferre loquebar:
    at mihi nunc longe gloria fortis abest.
namque agor ut per plana citus sola verbere turben,
    quem celer adsueta versat ab arte puer.
ure ferum et torque, libeat ne dicere quicquam
    magnificum post haec: horrida verba doma.
parce tamen, per te furtivi foedera lecti,
    per venerem quaeso compositumque caput.
ille ego, cum tristi morbo defessa iaceres,
    te dicor votis eripuisse meis,
ipseque te circum lustravi sulphure puro,
    carmine cum magico praecinuisset anus:
ipse procuravi, ne possent saeva nocere
    somnia, ter sancta deveneranda mola:
ipse ego velatus filo tunicisque solutis
    vota novem Triviae nocte silente dedi.
omnia persolvi: fruitur nunc alter amore,
    et precibus felix utitur ille meis.
at mihi felicem vitam, si salva fuisses,
    fingebam demens, sed renuente deo.
rura colam, frugumque aderit mea Delia custos,
    area dum messes sole calente teret,
aut mihi servabit plenis in lintribus uvas
    pressaque veloci candida musta pede,
consuescet numerare pecus, consuescet amantis
    garrulus in dominae ludere verna sinu.
illa deo sciet agricolae pro vitibus uvam,
    pro segete spicas, pro grege ferre dapem.
illa regat cunctos, illi sint omnia curae:
    at iuvet in tota me nihil esse domo.
huc veniet Messalla meus, cui dulcia poma
    Delia selectis detrahat arboribus:

An Delia. Fluch der Untreue

Trotzig war ich und prahlte, der Trennung Schmerz zu verwinden.
    Ach, wie liegt mir nun längst frevelnder Übermut fern!
Unstet treib' ich umher, wie der Kreisel auf ebener Erde,
    den mit kundiger Hand hurtig der Knabe sich peitscht.
Brenne und foltre mich Toren, daß nimmer mich wieder gelüste
    prahlender Rede Verderb: zähme vermessenes Wort!
Schone mich doch, so fleh' ich beim Bund unserer heimlichen Liebe,
    flehe bei Venus und bei deinem mir gnädigen Haupt.
Hab' ich dich doch mit meinen Gebeten dem Tode entrissen,
    als dich das Fieber befiel, matt auf dem Lager du lagst.
Ich entsühnte die Luft um dich mit edelstem Schwefel,
    während ein Weihegebet hütend die Ahne dir sang.
Ich trug Sorge, daß dir nicht drückende Träume zum Schaden,
    dreimal durch Opferschrot bannte ich alle Gefahr.
Ich brachte selbst mit der Binde geschmückt in gelösten Gewändern
    neunmal in schweigender Nacht heimlich der Göttin Gebet.
All das hab' ich vollbracht; nun genießt der andre die Liebe,
    glücklicher heimst er sich ein meiner Gebete Gewinn.
Ach, wie malte ich Tor mein Leben mir aus voller Freuden,
    dich genesen zur Seit', – doch das versagte der Gott.
Äcker werd' ich bestellen, der Ernte wird Delia Wächter,
    wenn auf die Tenne beim Drusch glühend die Sonne uns brennt.
Und sie hütet auf schwer beladenen Mulden mir Trauben
    und den schäumenden Most, fleißigen Fußes gepreßt.
Gerne zählt sie mein Vieh, und gerne schmiegen der Herrin
    Busen spielend sich an plappernde Kinder des Knechts.
Gerne weiht sie dem Gotte der Bauern für Reben die Traube,
    für die Herden das Lamm, für die Gefilde die Saat.
Sie hält alle im Zaum und alle umhüllt ihre Sorge,
    ja, ich freue mich selbst, nutzlos im Hause zu sein.
Dann erscheint mein Messalla, ihm reicht meine Delia süße
    Früchte vom Baum, die sie ihm selber gewählt und gepflückt,

et tantum venerata virum hunc sedula curet,
 huic paret atque epulas ipsa ministra gerat.
haec mihi fingebam, quae nunc Eurusque Notusque
 iactat odoratos vota per Armenios.
saepe ego temptavi curas depellere vino:
 at dolor in lacrimas verterat omne merum,
saepe aliam tenui: sed iam cum gaudia adirem,
 admonuit dominae deseruitque Venus.
tunc me discedens devotum femina dixit
 et pudet et narrat scire nefanda meam.
non facit hoc verbis, facie tenerisque lacertis
 devovet et flavis nostra puella comis.
talis ad Haemonium Nereis Pelea quondam
 vecta est frenato caerula pisce Thetis.
haec nocuere mihi. quod adest huic dives amator,
 venit in exitium callida lena meum.
sanguineas edat illa dapes atque ore cruento
 tristia cum multo pocula felle bibat:
hanc volitent animae circum sua fata querentes
 semper et e tectis strix violenta canat:
ipsa fame stimulante furens herbasque sepulcris
 quaerat et a saevis ossa relicta lupis,
currat et inguinibus nudis ululetque per urbes,
 post agat e triviis aspera turba canum.
eveniet! dat signa deus: sunt numina amanti,
 saevit et iniusta lege relicta Venus.
at tu quam primum sagae praecepta rapacis
 desere: nam donis vincitur omnis amor.
pauper erit praesto semper, te pauper adibit
 primus et in tenero fixus erit latere,
pauper in angusto fidus comes agmine turbae
 subicietque manus efficietque viam,
pauper ad occultos furtim deducet amicos
 vinclaque de niveo detrahet ipse pede.

sie verehrt den würdigen Helden, umsorgt ihn geschäftig,
    dient ihm und rüstet sein Mahl selber als emsige Magd.
All das malt' ich mir aus, was nun die stürmenden Winde
    als verweigerten Wunsch weit in die Lande verwehn.
Oftmals sucht' ich im Trunke das bittere Leid zu ertränken,
    doch auch den feurigsten Wein wandte in Tränen der Schmerz.
Oft lag mir eine andre im Arm, kaum daß ich zu Lust kam,
    mahnte der Herrin Bild, floh mich der Liebe Begier.
Jene sprach wohl, wenn sie ging, ich wäre verhext, und erzählte
    sich verwahrend, mein Lieb wisse verzaubernden Spruch.
Ach, sie tut es mit Sprüchen nicht, meine Liebe, sie zaubert
    mit ihrem Blick, mit der Hand, mit ihrem goldenen Haar.
Prächtig wie sie fuhr die schimmernde Thetis dereinst auf dem Delphin,
    den sie in Zügel gebannt, heim in des Peleus Gemach.
Das war mein Unheil: als ihr ein reicher Verehrer erschienen,
    half ihm zu meinem Verderb klug ein verkuppelndes Weib.
Blutige Speisen soll sie verschlingen, mit rünstigem Munde
    soll sie bitteren Wein trinken mit Galle vermischt;
Geister sollen ihr Haupt umkreisen und Unglück verkünden
    und vom Dache herab höhn' sie der Eule Gespott;
rasend vom plagenden Hunger gequält soll sie Gräser von Gräbern,
    Knochen vom Wolfe benagt suchen zum schaurigen Fraß;
Nackend die Scham soll sie jammernd die Gassen und Straßen durchjagen,
    durch der Wege Gedräng peitsche sie Hundegebell!
So soll es sein, so will es der Gott! Der Liebende wisse,
    wenn er die Liebe verletzt, rast der beleidigte Gott.
Du aber löse dich bald von der heischenden Seherin Lehren,
    jeder sich Liebe gewinnt, wenn er mit Gaben sie sucht.
Wer aber arm ist, ist immer bereit, der Arme hilft immer,
    liebesuchender Brust schmiegt er getreulich sich an.
Stets ist der Arme dein treuer Begleiter im Drange des Schwarmes,
    bietet die Hände dir dar, macht dir bereit deinen Weg.
Ja der Arme führt heimlich dich zu den verborgensten Freunden,
    löst dir vom schneeigen Fuß selber das fesselnde Band.

heu canimus frustra, nec verbis victa patescit
    ianua, sed plena est percutienda manu.
at tu, qui potior nunc es, mea fata timeto:
    versatur celeri Fors levis orbe rotae.
non frustra quidam iam nunc in limine perstat
    sedulus ac crebro prospicit ac refugit,
et simulat transire domum, mox deinde recurrit
    solus et ante ipsas excreat usque fores.
nescio quid furtivus amor parat. utere quaeso,
    dum licet: in liquida nat tibi linter aqua.

Liber primus, 6

Semper, ut inducar, blandos offers mihi voltus,
    post tamen es misero tristis et asper, Amor.
quid tibi saevitiae mecum est? an gloria magna est
    insidias homini conposuisse deum?
nam mihi tenduntur casses: iam Delia furtim
    nescio quem tacita callida nocte fovet.
illa quidem tam multa negat, sed credere durum est:
    sic etiam de me pernegat usque viro.
ipse miser docui, quo posset ludere pacto
    custodes: heu heu nunc premor arte mea.
fingere tunc didicit causas, ut sola cubaret,
    cardine tunc tacito vertere posse fores,
tunc sucos herbasque dedi, quis livor abiret,
    quem facit inpresso mutua dente venus.
at tu, fallacis coniunx incaute puellae,
    me quoque servato, peccet ut illa nihil.
neu iuvenes celebret multo sermone, caveto,
    neve cubet laxo pectus aperta sinu,
neu te decipiat nutu, digitoque liquorem
    ne trahat et mensae ducat in orbe notas.

Ach, ich singe umsonst, durch Worte bewegt wird sich nimmer
    öffnen dein Tor, denn die Faust schlägt es verschließend mir zu.
Du aber, der du jetzt glücklicher bist, gedenk' meines Unglücks;
    wisse, auf rollendem Band wendet Geschehen sich schnell.
Nicht vergebens steht wieder schon einer geschäftig am Tore,
    lauscht mit geöffnetem Ohr, zieht sich beizeiten zurück,
heuchelt, er ginge nach Haus und kehrt bald zögernden Schrittes
    wieder alleine zur Tür, horcht, ob sein Räuspern sie hört.
Weiß ich, was diebische Liebe im Schild führt? Genieße die deine,
    wie dir's gewährt: dein Kahn schwimmt in gelindigem See.

Delias Gatte. Lob der Mutter

Amor, was zeigst du mir stets, mich verführend, so liebe Gesichter,
    bist mir Armen dann doch unhold und ohne Gewähr?
Warum treibst du solch Spotten mit mir? Ach, ist es denn ruhmvoll,
    wenn ein mächtiger Gott Menschen in Qualen verstrickt?
Spinnengewebe schon bringen zu Fall mich: ob Delia heimlich,
    sieh, ich weiß ja nicht wem, schweigende Nächte gewährt.
Wenn sie es auch mit Worten verneint, wie soll ich es glauben:
    ihm auch leugnet sie ab, daß ich zur Seite ihr lag.
Gab ich Tor ihr doch selber den Rat, wie sie Wächter betrüge;
    so nun wendet sich List gegen den Listigen selbst.
Gründe lehrt' ich sie selbst zu erfinden, daß einsam sie schlafe,
    wie sie mit heimlicher Hand leise sich öffne die Tür;
gab ihr Säfte und Kräuter, die blutigen Male zu tilgen,
    die wir in Liebesbegier wechselnder Küsse gesaugt.
Du aber, der du der trügenden Gattin ein argloser Gatte,
    habe nun acht auf mich, daß sie in Züchten sich hält.
Hüte sie, daß sie Verehrer nicht locke mit lockeren Worten,
    daß sie im losen Gewand offen den Busen nicht zeig';
nicht mit dem Spiele der Wimpern dich täuscht, mit dem Finger im Weine
    auf der Tafel dem Freund kündende Zeichen nicht zieht.

exibit quam saepe, time, seu visere dicet
　　sacra Bonae maribus non adeunda Deae.
at mihi si credas, illam sequar unus ad aras:
　　tunc mihi non oculis sit timuisse meis.
saepe, velut gemmas eius signumque probarem,
　　per causam memini me tetigisse manum,
saepe mero somnum peperi tibi, at ipse bibebam
　　sobria subposita pocula victor aqua.
non ego te laesi prudens: ignosce fatenti,
　　iussit Amor: contra quis ferat arma deos?
ille ego sum, nec me iam dicere vera pudebit,
　　instabat tota cui tua nocte canis.
quid tenera tibi coniuge opus? tua si bona nescis
　　servare, frustra clavis inest foribus.
te tenet, absentes alios suspirat amores
　　et simulat subito condoluisse caput.
at mihi servandam credas: non saeva recuso
　　verbera, detrecto non ego vincla pedum.
tunc procul absitis, quisquis colit arte capillos,
　　et fluit effuso cui toga laxa sinu,
quisquis et occurret, ne possit crimen habere,
　　stet procul aut alia stet procul ante via.
sic fieri iubet ipse deus, sic magna sacerdos
　　est mihi divino vaticinata sono.
haec ubi Bellonae motu est agitata, nec acrem
　　flammam, non amens verbera torta timet,
ipsa bipenne suos caedit violenta lacertos
　　sanguineque effuso spargit inulta deam,
statque latus praefixa veru, stat saucia pectus,
　　et canit eventus, quos dea magna monet:
'parcite, quam custodit Amor, violare puellam,
　　ne pigeat magno post didicisse malo.
attigerit, labentur opes, ut volnere nostro
　　sanguis, ut hic ventis diripiturque cinis.'

Zittere, wenn sie wie oft ihr Heim verläßt, selbst wenn sie angibt,
    daß sie der Bona Altar, Männern verboten, besucht.
Traust du mir, folg' ich ihr dann allein zu den Stufen des Tempels,
    Selbst meiner Augen Verlust achte alsdann ich gering.
Oft, wenn ich ihren Schmuck und ihre Ringe mir ansah,
    rührte geheim, o ich weiß, sie mit den Händen mich an.
Oft auch bracht' ich durch Wein dich zum Schlaf, ich selber blieb Sieger,
    weil ich, die Becher vertauscht, nüchternes Wasser nur trank.
Glaube, ich tat dir nicht willentlich weh, verzeih meine Worte,
    Amor befahl es: wer wagt, Waffen zu kreuzen mit ihm?
Ich selbst war es, und fast verschlägt mir's, zu sagen die Wahrheit,
    den eine lange Nacht einst deine Hündin verbellt.
Ach was nützt dir ein reizendes Weib? Wenn du selber die Reize
    nicht zu wahren verstehst, nützt dir kein Riegel der Tür.
Hält sie im Arm dich, so schmachtet sie schon nach des anderen Liebe,
    heuchelt verstohlenen Sinns, daß ihr nun schmerze das Haupt.
Wenn du dann glaubst, sie bewahre sich mir: ich scheue nicht harte
    Schläge, ich weigere mich nicht, daß du mir fesselst den Fuß.
Mir aber bleibe dann fern, wer mit Kunst sich pflegt seine Haare,
    wem das lose Gewand üppig zu Falten sich bauscht.
Wer mir begegnet, der nehme in acht sich, es könnte ihn Unheil
    treffen, steht er nicht fern, wählt er nicht anderen Weg.
Daß es so werde, befiehlt selbst der Gott, die Priesterin kündet's,
    die mit heiligem Wort meine Geschicke mir weist.
Schauernd, vom Rasen Bellonas berauscht, verachtet sie Flammen,
    fürchtet, der Sinne beraubt, folternde Ruten nicht mehr,
schlägt mit der Axt sich am Arm im Wüten glühende Wunden,
    sudelt der Göttin ins Bild höhnend vergossenes Blut,
steht dann die Lenden vom Speere verletzt mit rünstigen Brüsten,
    klagend von Not und von Pein, wie ihr die Göttin befiehlt:
„Jeder vermeide, sein Lieb zu verletzen, das Amor behütet,
    daß ihn nicht reue sein Tun, daß ihn nicht treffe Verderb.
Rührt er sie an, so schwindet die Kraft ihm wie Blut aus den Wunden
    schmerzend mir fließet, und wie Asche im Winde verweht."

et tibi nescio quas dixit, mea Delia, poenas:
    si tamen admittas, sit precor illa levis.
non ego te propter parco tibi, sed tua mater
    me movet atque iras aurea vincit anus.
haec mihi te adducit tenebris multoque timore
    coniungit nostras clam taciturna manus,
haec foribusque manet noctu me adfixa proculque
    cognoscit strepitus me veniente pedum.
vive diu mihi, dulcis anus: proprios ego tecum,
    sit modo fas, annos contribuisse velim.
te semper natamque tuam te propter amabo:
    quidquid agit, sanguis est tamen illa tuos.
sit modo casta, doce, quamvis non vitta ligatos
    impediat crines nec stola longa pedes.
et mihi sint durae leges, laudare nec ullam
    possim ego, quin oculos appetat illa meos,
et siquid peccasse putet, ducarque capillis
    inmerito pronas proripiarque vias.
non ego te pulsare velim, sed, venerit iste
    si furor, optarim non habuisse manus:
nec saevo sis casta metu, sed mente fideli;
    mutuus absenti te mihi servet amor.
at, quae fida fuit nulli, post victa senecta
    ducit inops tremula stamina torta manu
firmaque conductis adnectit licia telis
    tractaque de niveo vellere ducta putat.
hanc animo gaudente vident iuvenumque catervae
    conmemorant merito tot mala ferre senem,
hanc Venus ex alto flentem sublimis Olympo
    spectat et, infidis quam sit acerba, monet.
haec aliis maledicta cadant: nos, Delia, amoris
    exemplum cana simus uterque coma.

Welche Strafen sie dir, meine Delia, sagte, – ich weiß nicht;
    zogst du Strafen dir zu, sei dir gelinde die Pein.
Siehe, nicht deinethalb schone ich dich, es ist deine Mutter,
    ist die erhabene Ahn', die meinen Zorn mir besiegt.
Denn sie führte mich heimlich zu dir in bangenden Ängsten,
    band verschwiegen und leis' unsere Hände in eins,
stand in den Nächten geduldig am Tore, mich zu erwarten,
    kannte den Klang meines Tritts, wenn ich mich heimlich genaht.
Lebe mir lange, erhabene Ahn', die Zahl meiner Jahre
    werde, wenn Gott es gefällt, deinen zu Haufen getan!
Dich werd' ich immer und dir zulieb auch deine Tochter verehren,
    was sie auch tue, es sei: ist sie doch Blut deines Bluts.
Lehre sie keusch sein, auch wenn nicht die heilige Binde die Haare
    streng an die Stirne ihr preßt, Kleider ihr hüllen den Fuß.
Mir aber gelte solch hartes Gesetz: keine andre zu loben,
    sei mir erlaubt, dann gleich kratz' sie die Augen mir aus.
Wenn sie befindet, ich habe gesündigt, sie rauf' mir die Haare,
    führ' mich mir unverdient tödlicher Wege Gefahr.
Nein, dich will ich gewiß nicht schlagen, doch steigt mir des Eifers
    süchtendes Zürnen auf, fehlt mir der Hände Gewalt:
Sei mir aus Angst nicht, aus Sorge nicht treu, sei treu mir aus Liebe,
    schenke mir, auch wenn ich fern, wahrender Liebe Bestand.
Denn die keinem je treu, wenn des Alters Gebrechen ihr nahen,
    spinnt mit zitternder Hand drehende Fäden vom Werg,
knüpft sie an haftenden Strang mit hilflos hütendem Fleiße,
    hofft, daß der Wolle sie noch schneeige Fasern entzieh'.
Ihr sieht lachenden Mutes die Jugend zu, spottend und höhnend:
    Qualen im Alter verdient, wer die Gelübde nicht hält.
Auf die Weinende schaut vom hohen Olymp die erhabne
    Venus hernieder und warnt, wie sie den Treulosen gram.
Andere treffe solch lastender Fluch; uns, Delia, blühe,
    daß auch alternden Haars ewige Liebe uns ziert!

Hunc cecinere diem Parcae fatalia nentes
    stamina, non ulli dissoluenda deo;
hunc fore, Aquitanas posset qui fundere gentes,
    quem tremeret forti milite victus Atax.
evenere: novos pubes Romana triumphos
    vidit et evinctos bracchia capta duces:
at te victrices lauros, Messalla, gerentem
    portabat nitidis currus eburnus equis.
non sine me est tibi partus honos: Tarbella Pyrene
    testis et Oceani litora Santonici,
testis Arar Rhodanusque celer magnusque Garunna,
    Carnutis et flavi caerula lympha Liger.
an te, Cydne, canam, tacitis qui leniter undis
    caeruleus placidis per vada serpis aquis,
quantus et aetherio contingens vertice nubes
    frigidus intonsos Taurus alat Cilicas?
quid referam, ut volitet crebras intacta per urbes
    alba Palaestino sancta columba Syro,
utque maris vastum prospectet turribus aequor
    prima ratem ventis credere docta Tyros,
qualis et, arentes cum findit Sirius agros,
    fertilis aestiva Nilus abundet aqua?
Nile pater, quanam possim te dicere causa
    aut quibus in terris occuluisse caput?
te propter nullos tellus tua postulat imbres,
    arida nec pluvio supplicat herba Jovi.
te canit atque suum pubes miratur Osirim
    barbara, Memphiten plangere docta bovem.
primus aratra manu sollerti fecit Osiris
    et teneram ferro sollicitavit humum,
primus inexpertae conmisit semina terrae
    pomaque non notis legit ab arboribus.

An Messalla zum Geburtstag

Dieser Geburtstag, so sangen die Parzen,– sie spinnen des Schicksals
    eherne Fäden, kein Gott hat, sie zu lösen, die Kraft –
dieser Geburtstag wird einst Aquitaniens Land überwinden,
    von deiner Macht besiegt zittern am Atax die Schar.
Und so geschah es; das römische Volk sah neue Triumphe,
    sah in Ketten gebannt feindliche Fürsten im Zug.
Du aber fuhrst, Messalla, den Lorbeer des Siegers zu Häupten,
    auf dem Elfenbeinstuhl thronend im Schimmelgespann.
Nicht ohne mich ward der Ruhm dir zuteil, dir waren auch Zeugen
    das Pyrenäengebirg, Völker vom Strande des Meers,
Zeugen die Saône, die reißende Rhone, die große Garonne,
    blonde Männer vom Land, blauschwarze Flut der Loire.
Oder gelte dir, Cydnus, mein Sang, deinen schweigenden Wellen,
    wie du so sanft und so blau lieblich durch Ebenen ziehst,
oder dem Taurusgebirg, das sein eisiges Haupt in des Himmels
    Wolken verbirgt und doch bärtige Männer ernährt?
Soll ich berichten, wie einst die weiße heilige Taube
    Syriens Land durchflog, wimmelnde Städte vermied,
wie auf die Weite des Meers von hohen Zinnen herabschaut
    'Tyrus, das uns gelehrt, Schiffe dem Wind zu vertraun,
wie der Sirius Äcker verdorrt in lodernden Gluten,
    wie der fruchtende Nil Wässer im Sommer ergießt?
Vater Nil, o könnt' ich dein heilig Geheimnis verkünden,
    sag, wo verbirgst du dein Haupt, sage in welchem Gebirg?
Deinethalb fordert dein Land nicht Regen vom spendenden Himmel,
    fordert die trockene Saat Feuchte vom Zeus nicht herab.
Dich besingt und Osiris verehrt die ländliche Jugend,
    und sie klagt um den Tod ihres memphitischen Stiers.
Denn Osiris erst schuf mit kundigen Händen die Pflugschar,
    riß mit dem Eisen zuerst Furchen in heiliges Land,
gab dem Boden zuerst, noch unberührt, sprossenden Samen,
    pflückte vom Baume die Frucht, neu noch und keinem bekannt,

hic docuit teneram palis adiungere vitem,
    hic viridem dura caedere falce comam;
illi iucundos primum matura sapores
    expressa incultis uva dedit pedibus.
ille liquor docuit voces inflectere cantu,
    movit et ad certos nescia membra modos,
Bacchus et agricolae magno confecta labore
    pectora tristitiae dissoluenda dedit.
Bacchus et adflictis requiem mortalibus adfert,
    crura licet dura compede pulsa sonent.
non tibi sunt tristes curae nec luctus, Osiri,
    sed chorus et cantus et levis aptus amor,
sed varii flores et frons redimita corymbis,
    fusa sed ad teneros lutea palla pedes
et Tyriae vestes et dulcis tibia cantu
    et levis occultis conscia cista sacris.
huc ades et Genium ludis Geniumque choreis
    concelebra et multo tempora funde mero:
illius et nitido stillent unguenta capillo,
    et capite et collo mollia serta gerat.
sic venias hodierne: tibi dem turis honores,
    liba et Mopsopio dulcia melle feram.
at tibi succrescat proles, quae facta parentis
    augeat et circa stet veneranda senem.
nec taceat monumenta viae, quem Tuscula tellus
    candidaque antiquo detinet Alba lare.
namque opibus congesta tuis hic glarea dura
    sternitur, hic apta iungitur arte silex.
te canit agricola, magna cum venerit Vrbe
    serus inoffensum rettuleritque pedem.
at tu, Natalis multos celebrande per annos,
    candidior semper candidiorque veni.

lehrte die zarte Rebe an ragende Pfähle zu binden,
    mit dem Messer geschickt schneiden den geilenden Sproß;
er gab zuerst den süßen Geschmack der Reife der Traube,
    – ungelenke im Fuß preßte der Bauer das Naß –.
Ach und der Trank gab ein, die Worte zum Liede zu flechten
    und die Glieder im Takt, plump noch, zu wiegen nach Maß.
Und so schenkte der Wein dem Bauern nach vielfach ertragner
    Plage, daß sich sein Herz löse von Kummer und Leid.
Bacchus schenkte der Mühsal der Menschen die heitere Ruhe,
    selbst dem gefesselten Fuß gab er beschwingenden Takt.
Dir Osiris gebühren nicht Trauer und bittere Sorgen,
    dir ziemt Lied und Gesang, tändelnder Liebe Gewähr,
Blumen im Farbengewind und die Stirne mit Efeu umwunden,
    auch ein goldnes Gewand, das dir die Füße umfließt.
Dir ziemt tyrisches Kleid und der Flöte liebliches Tönen
    und der geflochtene Korb mit dem geweihten Gerät.
Komme und weih' uns den Geist dieses Tages mit Reigen und Spielen,
    schöpf' aus der Fülle des Weins, gieße dir Wein auf die Stirn;
Laß dir träufeln vom schimmernden Haar die duftende Salbe,
    und der schmiegsame Kranz schmücke dir Schläfe und Hals.
Komme so heute zu uns, ich biete dir Ehren des Weihrauchs,
    biete dir süßes Gebäck, köstlichen Honigs Genuß.
Dir, Messalla, erblühen die Söhne, sie mehren des Vaters
    Taten und stehen dir bei, den sie verehren als Greis.
Auch der Straße gedenkt sich deiner erinnernd der Bauer,
    der im Albanergebirg oder in Tuskulum wohnt,
die du aus eigenen Mitteln gebaut, bekiest und geebnet,
    der du mit Fleiß und mit Kunst Steine auf Steine gefügt.
Solches dankt dir der Bauer, der sicheren Fußes zur Hauptstadt
    wandert und spät in der Nacht wandert zum heimischen Herd.
Du aber, Tag der Geburt, noch viele Jahre kehr' wieder,
    daß immer heitrer dein Fest, heitrer dein Fest immer werd!

Non ego celari possum, quid nutus amantis
    quidve ferant miti lenia verba sono.
nec mihi sunt sortes nec conscia fibra deorum,
    praecinit eventus nec mihi cantus avis:
ipsa Venus magico religatum bracchia nodo
    perdocuit multis non sine verberibus.
desine dissimulare: deus crudelius urit,
    quos videt invitos succubuisse sibi.
quid tibi nunc molles prodest coluisse capillos
    saepeque mutatas disposuisse comas,
quid fuco splendente genas ornare, quid ungues
    artificis docta subsecuisse manu?
frustra iam vestes, frustra mutantur amictus,
    ansaque conpressos colligat arta pedes.
illa placet, quamvis inculto venerit ore
    nec nitidum tarda compserit arte caput.
num te carminibus, num te pallentibus herbis
    devovit tacito tempore noctis anus?
cantus vicinis fruges traducit ab agris,
    cantus et iratae detinet anguis iter,
cantus et e curru Lunam deducere temptat
    et faceret, si non aera repulsa sonent.
quid queror heu misero carmen nocuisse, quid herbas?
    forma nihil magicis utitur auxiliis:
sed corpus tetigisse nocet, sed longa dedisse
    oscula, sed femori conseruisse femur.
nec tu difficilis puero tamen esse memento:
    persequitur poenis tristia facta Venus.
munera ne poscas: det munera canus amator,
    ut foveat molli frigida membra sinu.
carior est auro iuvenis, cui levia fulgent
    ora nec amplexus aspera barba terit.

Marathus liebt Pholoe

Nein, vor mir kann keiner verbergen, was Winke der Liebe,
    was mit lieblichem Laut lockendes Wort offenbart.
Ist schon das Los mir nicht und nicht die Opferschau günstig,
    zeigt auch der Vogelgesang mir nicht erwünschten Erfolg,
band mich doch Venus selbst in den Zauberknoten der Arme,
    unterwies mich gar streng, hat nicht mit Schlägen gespart.
Höre zu heucheln doch auf, es straft mit grausamer Härte
    Gott, wer seinem Befehl zögernden Willens sich beugt.
Ach, was nützt dir's, die weichen Haare mit Sorgfalt zu pflegen,
    was, wenn du eitelen Sinns allezeit änderst die Tracht,
was, wenn die Wangen du schminkst mit glänzendem Rot, wenn die Nägel
    dir eine kundige Hand schneidet und glättet mit Fleiß?
Nutzlos ist es, die Kleider und Übergewänder zu wechseln,
    auch die Schnalle am Schuh drückt dir vergebens den Fuß.
Jene gefällt, wie sie ist, auch ohne die Pflege des Mundes,
    ohne daß sie ihr Haar flicht mit bedächtiger Kunst.
Bist du durch Sprüche verzaubert, und sind es betäubende Kräuter,
    die in schweigender Nacht heimlich die Ahne dir gab?
Zaubergesang vertreibt die Früchte vom Acker des Nachbarn,
    Zaubergesang bannt selbst züngelnde Schlangen am Weg,
Zaubergesang würde wohl auch den Lauf des Mondes verändern,
    wenn nicht in ewigem Schwung ehern ihm tönte die Bahn.
Ach was klag ich, ob Zauber, ob Gifte den Armen gefährden?
    Göttlich geformte Gestalt braucht nicht des Zaubers Gewalt.
Aber den Leib nur berühren und lange Küsse zu tauschen,
    Schenkel an Schenkel gepreßt sitzen beim Mahle, das quält.
Du aber hüte dich wohl, dem Knaben dich hart zu versagen,
    solche verruchte Tat straft dir die Göttin mit Qual.
Fordre Geschenke mir nicht, Geschenke mag geben ein Urgreis,
    daß er sein kaltes Gebein wärme an wonnigem Leib.
Holder als Gold ist ein Knabe, des glatte Lippen erstrahlen,
    dem kein stachelnder Bart Liebeumfangende reibt.

huic tu candentes umero subpone lacertos,
    et regum magnae despiciantur opes.
at Venus invenit puero concumbere furtim,
    dum timet et teneros conserit usque sinus,
et dare anhelanti pugnantibus umida linguis
    oscula et in collo figere dente notas.
non lapis hanc gemmaeque iuvant, quae frigore sola
    dormiat et nulli sit cupienda viro.
heu sero revocatur amor seroque iuventas,
    cum vetus infecit cana senecta caput.
tum studium formae est: coma tunc mutatur, ut annos
    dissimulet viridi cortice tincta nucis,
tollere tunc cura est albos a stirpe capillos
    et faciem dempta pelle referre novam.
at tu, dum primi floret tibi temporis aetas,
    utere: non tardo labitur illa pede.
neu Marathum torque: puero quae gloria victo est?
    in veteres esto dura, puella, senes.
parce precor tenero: non illi sontica causa est,
    sed nimius luto corpora tingit amor.
vel miser absenti maestas quam saepe querelas
    conicit, et lacrimis omnia plena madent!
'quid me spernis?' ait. 'poterat custodia vinci:
    ipse dedit cupidis fallere posse deus.
nota venus furtiva mihi est, ut lenis agatur
    spiritus, ut nec dent oscula rapta sonum,
et possum media quamvis obrepere nocte
    et strepitu nullo clam reserare fores.
quid prosunt artes, miserum si spernit amantem
    et fugit ex ipso saeva puella toro?
vel cum promittit, subito sed perfida fallit,
    est mihi nox multis evigilanda malis.
dum mihi venturam fingo, quodcumque movetur,
    illius credo tunc sonuisse pedes.'

Wenn du die Schultern ihm mit glühenden Armen belastest,
    mächtigsten Königs Geschenk läßt du verachtend beiseit.
Venus weiß Wege gar wohl, den Knaben verborgen zu kosen,
    der in zagender Angst keusch deinem Busen sich schmiegt,
hilft dem Keuchenden, feuchte Küsse mit kämpfender Zunge
    geben und seinen Hals zeichnen mit Malen des Zahns.
Der nützen Steine und Schmuck nicht viel, die einsam und frostig
    nachts auf dem Lager sich wälzt, nie eines Mannes Begehr.
Oft ach zu spät wird die Liebe ersehnt, zu spät auch das Jungsein,
    wenn dem alternden Haupt grau schon die Haare gemischt.
Dann wird Schönheit zur Mache; das Haupthaar färbt man mit Säften
    grünlicher Schale der Nuß, daß man das Alter verberg',
man beseitigt mit Fleiß das weiße Haar mit der Wurzel,
    ja die Haut wird geschält, daß sie von neuem ersteh'.
Du aber, die du in prangender Pracht deiner Jugend noch glutest,
    nütze sie aus, es flieht eilenden Schrittes die Zeit.
Quäle mir Marathus nicht: kein Verdienst ist's, ein Kind zu besiegen.
    Gegen die Greise sei hart, Mädchen, die Alten verlach.
Schone mir, bitt' ich, den Zarten, nicht tödliches Leiden befiel ihn;
    Liebe, die alles verzehrt, bleichte die Wangen ihm weiß.
Weil du ihm ferne, verfällt er vergrämt in Trauer und Klagen,
    Tränen der bittersten Qual netzen ihm Wangen und Mund:
„Was verschmähst du mich?" klagt er, „ich könnte die Wächter bestechen –
    zeigt doch selber der Gott Liebenden gnädig den Weg.
Heimlicher Liebe Gewähr weiß ich und kenne die Künste,
    wie man den Atem verhält, wie man sich küßt ohne Laut;
weiß, inmitten der Nacht ganz leise mich zu dir zu schleichen,
    leise zu öffnen die Tür, ohne daß schnöde sie knarrt.
Was nützt alle die Kunst, wenn den armen Freund die Geliebte
    flieht und dem Bette der Lust grausamen Sinns sich entzieht?
Wenn sie zunächst fest verspricht, dann treulos alles im Stich läßt,
    wird mir im Weinen der Nacht leidiges Wachen zur Qual.
Und ich hoffe mir dann, daß sie kommt, – jetzt regt es sich nächtens,
    ach, ich glaub, ihren Fuß kündet mir dieses Geräusch!"

desistas lacrimare, puer: non frangitur illa,
    et tua iam fletu lumina fessa tument.
oderunt, Pholoe, moneo, fastidia divi,
    nec prodest sanctis tura dedisse focis.
hic Marathus quondam miseros ludebat amantes
    nescius ultorem post caput esse deum;
saepe etiam lacrimas fertur risisse dolentis
    et cupidum ficta detinuisse mora:
nunc omnes odit fastus, nunc displicet illi
    quaecumque opposita est ianua dura sera.
at te poena manet, ni desinis esse superba.
    quam cupies votis hunc revocare diem!

Liber primus, 9

Quid mihi, si fueras miseros laesurus amores,
    foedera per divos, clam violanda, dabas?
a miser, et siquis primo periuria celat,
    sera tamen tacitis Poena venit pedibus.
parcite, caelestes: aequum est inpune licere
    numina formosis laedere vestra semel.
lucra petens habili tauros adiungit aratro
    et durum terrae rusticus urget opus,
lucra petituras freta per parentia ventis
    ducunt instabiles sidera certa rates:
muneribus meus est captus puer, at deus illa
    in cinerem et liquidas munera vertat aquas.
iam mihi persolvet poenas, pulvisque decorem
    detrahet et ventis horrida facta coma,
uretur facies, urentur sole capilli,
    deteret invalidos et via longa pedes.
admonui quotiens 'auro ne pollue formam:
    saepe solent auro multa subesse mala.

Laß das Weinen, ach Knabe, nur sein, du stimmst sie nicht günstig,
    und die tränende Flut schwillt nur dein trauerndes Aug'.
Pholoe, höre mein Mahnen, es hassen die Götter den Hochmut,
    trotzend streust du umsonst Weihrauch auf ihren Altar.
Marathus narrte hier einst die liebesuchenden Knaben,
    ahnte nicht, wie bald der Gott rächend im Nacken ihm saß.
Oft auch sah man ihn hier die Tränen Verschmähter verlachen,
    und der Schmachtenden Gier schaffte verzögernd er Pein.
Jetzt haßt er alles das arge Gehab', haßt Riegel und Türe,
    die seiner stürmenden Lust eilige Wege versperrt.
Dich aber treffe Verderben, wenn weiter du herbe und stolz bleibst!
    O wie wirst du den Tag heiß einst in Wünschen begehr'n!

An Marathus. Käufliche Liebe

Wenn dir schon meine so glücklose Liebe zu kränken im Sinn lag,
    was schwurst du Eide bei Gott, die du zu brechen gewillt?
Merke Unseliger dir, wenn anfangs der Treubruch geheim bleibt,
    spät auf schweigendem Fuß naht sich der strafende Gott.
Himmlische, schont ihn und duldet, daß einmal straflos verletze
    euer geheiligtes Haupt, den ihr so göttlich geformt.
Gut zu gewinnen, bespannt der Bauer mit Ochsen die wendige
    Pflugschar und werket schwer, wie es der Acker verlangt.
Gut zu erringende schwache Nachen geleiten die Sterne
    sicher über des Meers windegepeitschte Gefahr.
So ward mein Knabe durch Gaben betört, – Gott mag die Geschenke
    wenden in Asche und Staub, wenden in flüssiges Naß.
Mir aber löse die Leiden er ein, Staub decke sein Antlitz,
    und von Winden verweht sträube sich strotzend sein Haar,
Sonne verbrenne sein Haupt, verbrenne die wallenden Locken,
    und die Weite des Wegs reibe die Füße ihm wund.
Immer ermahnt' ich: „Besudle den Leib nicht durch goldne Geschenke,
    allzuoft folgen dem Gold leidige Leiden und Not.

divitiis captus siquis violavit amorem,
    asperaque est illi difficilisque Venus.
ure meum potius flamma caput et pete ferro
    corpus et intorto verbere terga seca.
nec tibi celandi spes sit peccare paranti:
    est deus, occultos qui vetat esse dolos.
ipse deus tacito permisit lene ministro,
    ederet ut multo libera verba mero,
ipse deus somno domitos emittere vocem
    iussit et invitos facta tegenda loqui.'
haec ego dicebam: nunc me flevisse loquentem,
    nunc pudet ad teneros procubuisse pedes.
tunc mihi iurabas nullo te divitis auri
    pondere, non gemmis, vendere velle fidem,
non tibi si pretium Campania terra daretur,
    non tibi si, Bacchi cura, Falernus ager.
illis eriperes verbis mihi sidera caeli
    lucere et puras fulminis esse vias.
quin etiam flebas: at non ego fallere doctus
    tergebam umentes credulus usque genas.
quid faciam, nisi et ipse fores in amore puellae?
    sed precor exemplo sit levis illa tuo.
o quotiens, verbis ne quisquam conscius esset,
    ipse comes multa lumina nocte tuli!
saepe insperanti venit tibi munere nostro
    et latuit clausas post adoperta fores.
tum miser interii stulte confisus amari:
    nam poteram ad laqueos cautior esse tuos.
quin etiam adtonita laudes tibi mente canebam,
    et me nunc nostri Pieridumque pudet.
illa velim rapida Volcanus carmina flamma
    torreat et liquida deleat amnis aqua.
tu procul hinc absis, cui formam vendere cura est
    et pretium plena grande referre manu.

Wer durch Gaben betört die heilige Liebe verschandelt,
    schwierig wird ihm und herb Venus in strafendem Zorn.
Lieber verbrenne mein Haupt mir in Flammen, man werfe in Fesseln
    mir meinen Leib, man schlag' geißelnd den Rücken mir wund!
Hoffe auch nicht, du könntest geheim deine Sünden betreiben:
    Gott ist's, der dir versagt heimlicher Listen Beginn.
Gott selbst erlaubte in Weisheit und Milde dem schweigsamen Diener,
    daß er vom Weine berauscht freiere Worte gebraucht;
Gott selbst befahl, daß Schlafbefangne die Stimme erheben,
    daß sie auch ungewollt künden, was besser geheim."
So wohl sprach ich, nun schäme ich mich, daß ich weinend es sagte,
    schäme mich, daß ich in Qual kniend zu Füßen dir lag.
Du aber schwurst mir, die Treue an keinen, der reich, zu verkaufen,
    nicht für Perlen und Schmuck, nicht auch für Goldes Gewicht,
nicht, wenn er dir als Preis ein Gut in Campanien böte,
    nicht, wenn ein Weinberg dir edelster Lage als Lohn.
Auf deine Schwüre bin hätt' ich geleugnet, daß Sterne am Himmel
    schimmern, und daß der Blitz leuchtende Wege sich bahnt.
Ja du weintest sogar, und ich keines Truges gewärtig
    trocknete gläubigen Sinns Tränen der Wangen dir ab.
Was sollt' ich tun, da du selbst einem Mädchen in Liebe verfallen?
    Aber das wünsche ich dir: jene sei käuflich wie du!
Oft auch, daß dir kein Fremder dein Liebesgeplauder belausche,
    trug ich selber des Nachts leuchtende Fackeln euch vor.
Oft dir unerhofft kam sie verschleierten Hauptes ans Fenster,
    schloß dir die Tür, ließ dich ein, weil ich sie hold dir gestimmt.
So grub ich selber mein Grab im plumpen Vertraun deiner Liebe,
    in deinen Schlingen verstrickt glaubte ich sicher zu sein.
Ja daß ich Lieder dir sang berauscht von vermeintlicher Liebe,
    dessen schäme ich mich, schäm' mich der Muse Geschenk.
Ach, ich wünschte Vulkans verzehrende Flamme verbrenne
    mir diese Lieder, der Strom ziehe sie strudelnd zum Grund.
Ach entfliehe mir weit, dir war deine Liebe verkäuflich,
    und mit gieriger Hand rafftest du schnöde den Preis.

at te, qui puerum donis corrumpere es ausus,
 rideat adsiduis uxor inulta dolis,
et cum furtivo iuvenem lassaverit usu,
 tecum interposita languida veste cubet.
semper sint externa tuo vestigia lecto,
 et pateat cupidis semper aperta domus;
nec lasciva soror dicatur plura bibisse
 pocula vel plures emeruisse viros.
illam saepe ferunt convivia ducere Baccho,
 dum rota Luciferi provocet orta diem.
illa nulla queat melius consumere noctem
 aut operum varias disposuisse vices.
at tua perdidicit, nec tu, stultissime, sentis,
 cum tibi non solita corpus ab arte movet.
tune putas illam pro te disponere crines
 aut tenues denso pectere dente comas?
ista haec persuadet facies, auroque lacertos
 vinciat et Tyrio prodeat apta sinu?
non tibi, sed iuveni cuidam volt bella videri,
 devoveat pro quo remque domumque tuam.
nec facit hoc vitio, sed corpora foeda podagra
 et senis amplexus culta puella fugit.
huic tamen accubuit noster puer: hunc ego credam
 cum trucibus venerem iungere posse feris.
blanditiasne meas aliis tu vendere es ausus,
 tune aliis demens oscula ferre mea?
tunc flebis, cum me vinctum puer alter habebit
 et geret in regno regna superba tuo.
at tua tum me poena iuvet, Venerique merenti
 fixa notet casus aurea palma meos:
'hanc tibi fallaci resolutus amore Tibullus
 dedicat et grata sis, dea, mente rogat.'

Du aber, der du's wagst, den Knaben mit Geld zu verderben,
    ungestraft möge dein Weib Ränke dir sinnen und Hohn,
möge in heimlichem Spiel den jungen Bublen ermüden,
    möge im Nachtgewand dann lustlos dir liegen zur Seit'.
Immer mögst du im Bette die Spur eines anderen finden,
    brünstiger Männer Begier immer sei offen dein Heim:
Ob deine geile und üppige Schwester mehr Becher getrunken
    oder mehr Männern gedient, frage ein spottend Gerücht.
Ja, sie solle Gelage im wilden Rausche durchtoben,
    bis das steigende Rad Luzifers kündet den Tag.
Keine als sie könne besser die Nächte vertändeln, verschwenden
    und in wechselnder Weis' spornen und zügeln die Lust.
Hier hat die Deine gelernt, nur merkst du nicht, Törichter, wie sie
    immer dir fremd und dir neu kunstvoll den Körper bewegt.
Glaubst du wahrhaftig, sie stecke ihr Haar, um dir zu gefallen,
    glätte ihr weiches Gelock dir mit den Zinken des Kamms?
Glaubst du dein Angesicht sporne sie an, sich die Arme zu schmücken
    mit dem goldenen Reif, schön sich zu falten das Kleid?
Nein, nicht dir, einem jeglichen Bublen will schön sie erscheinen;
    Jeglichem weih' sie dein Gut, jeglichem weih' sie dein Haus!
Noch aber ist sie nicht völlig verderbt, gichtbrüchige Krüppel
    und des Greises Begier meidet ihr guter Geschmack.
Dem aber legt sich mein Knabe zur Seite; er könnte, so fürcht' ich,
    gar dem wilden Getier Liebe gewähren und Lust.
Hast du nicht Kosen, das mir zukam, an andre verhandelt,
    andern Küsse, die mein, argen Gehabes verkauft?
Weinen wirst du, wenn mich ein andrer Knabe in Haft hält
    und in deinem Bereich stolz wie ein König nun herrscht.
Ach wie freu ich mich dann deiner Strafe: für Venus zum Danke
    künde die Tafel von Gold, was mir die Liebe beschert:
„Diese weiht dir Tibull von betrügender Liebe genesen,
    Göttin, gnädigen Sinns nimm sie, sei weiter mir hold."

Quis fuit, horrendos primus qui protulit enses?
    quam ferus et vere ferreus ille fuit!
tum caedes hominum generi, tum proelia nata,
    tum brevior dirae mortis aperta via est.
an nihil ille miser meruit, nos ad mala nostra
    vertimus, in saevas quod dedit ille feras?
divitis hoc vitium est auri, nec bella fuerunt,
    faginus adstabat cum scyphus ante dapes.
non arces, non vallus erat, somnumque petebat
    securus varias dux gregis inter oves.
tunc mihi vita foret, vulgi nec tristia nossem
    arma nec audissem corde micante tubam:
nunc ad bella trahor, et iam quis forsitan hostis
    haesura in nostro tela gerit latere.
sed patrii servate Lares: aluistis et idem,
    cursarem vestros cum tener ante pedes.
neu pudeat prisco vos esse e stipite factos:
    sic veteris sedes incoluistis avi.
tunc melius tenuere fidem, cum paupere cultu
    stabat in exigua ligneus aede deus.
hic placatus erat, seu quis libaverat uva,
    seu dederat sanctae spicea serta comae,
atque aliquis voti compos liba ipse ferebat
    postque comes purum filia parva favum.
at nobis aerata, Lares, depellite tela,
    hostiaque e plena rustica porcus hara.
hanc pura cum veste sequar myrtoque canistra
    vincta geram, myrto vinctus et ipse caput.
sic placeam vobis: alius sit fortis in armis,
    sternat et adversos Marte favente duces,
ut mihi potanti possit sua dicere facta
    miles et in mensa pingere castra mero.

Friedenslied

Ach wer war es, der erstmals die schrecklichen Schwerter geschmiedet?
    Eisern war er fürwahr, war auch ein wilder Barbar.
Ihm sind die Kämpfe des Menschengeschlechtes, die Schlachten zu danken,
    ihm, daß dem grausamen Tod kürzer und offen der Weg.
Oder war er nicht schuld und kehrten wir uns zum Verderben
    gegen uns selber das Schwert, das er für Tiere erfand?
Dies ist der Fluch des glänzenden Goldes; es gab keine Kämpfe,
    als noch der hölzerne Kelch sparsam zum Mahle gekreist.
Burgen und Wälle, sie waren noch nicht; inmitten der bunten
    scheckigen Herde des Viehs schlummerte sicher der Hirt.
Ach hätt' ich damals gelebt, ich wüßte nichts von des Pöbels
    Waffen und hörte auch nicht klopfenden Herzens das Horn:
So aber werd' ich zum Kriege gepreßt, und sicher schon schwingt ein
    grausamer Feind seinen Speer, der in die Hüfte mir fährt.
Laren der Ahnen, bewahrt mich: Ihr habt mich ja früh schon behütet,
    wie ich zu Füßen euch zart und als ein Kind noch gespielt.
Schämt euch auch nicht, daß ihr aus altem Holze geschnitzt seid,
    so bewohntet ihr schon unserer Väter Gefild.
Damals ward reiner die Treue gewahrt, als einfach im Brauche
    stand im bescheidenen Haus hölzern das göttliche Bild.
Gnädig war er gesinnt, wenn einer die Traube ihm reichte,
    Ährenkränze ihm wand um das geheiligte Haar,
wenn der Hausherr gar selbst, dem ein Wunsch erfüllt, Opfer ihm brachte
    und sein Töchterchen hold goldenen Honig ihm bot.
Wehret mir, Laren, vom Leib die eisernen Pfeile der Feinde,
    euch zum Opfer ein Schwein weih' ich aus fülligem Stall,
folg' ihm im weißen Gewande und trage den myrthengeschmückten
    Korb in der Hand, und das Haar schmückt mir ein Myrthengewind.
So möcht' ich euch gefallen: ein andrer sei tapfer in Waffen,
    strecke zu Boden den Feind, wie es der Gott ihm gewährt,
daß er beim Trunke mir dann den Ruhm seiner Taten verkünde,
    daß er mit Wein auf den Tisch Pläne mir zeichne im Rausch.

quis furor est atram bellis accersere mortem?
    inminet et tacito clam venit illa pede.
non seges est infra, non vinea culta, sed audax
    Cerberus et Stygiae navita turpis aquae:
illic percussisque genis ustoque capillo
    errat ad obscuros pallida turba lacus.
quam potius laudandus hic est, quem prole parata
    occupat in parva pigra senecta casa!
ipse suas sectatur oves, at filius agnos,
    et calidam fesso conparat uxor aquam.
sic ego sim, liceatque caput candescere canis,
    temporis et prisci facta referre senem.
interea pax arva colat. pax candida primum
    duxit araturos sub iuga curva boves,
pax aluit vites et sucos condidit uvae,
    funderet ut nato testa paterna merum,
pace bidens vomerque nitent — at tristia duri
    militis in tenebris occupat arma situs —
rusticus e lucoque vehit, male sobrius ipse,
    uxorem plaustro progeniemque domum.
sed Veneris tunc bella calent, scissosque capillos
    femina perfractas conqueriturque fores.
flet teneras subtusa genas, sed victor et ipse
    flet sibi dementes tam valuisse manus.
at lascivus Amor rixae mala verba ministrat,
    inter et iratum lentus utrumque sedet.
a, lapis est ferrumque, suam quicumque puellam
    verberat: e caelo deripit ille deos.
sit satis e membris tenuem rescindere vestem,
    sit satis ornatus dissoluisse comae,
sit lacrimas movisse satis: quater ille beatus,
    quo tenera irato flere puella potest.
sed manibus qui saevus erit, scutumque sudemque
    is gerat et miti sit procul a Venere.

Wahnsinn ist es, den grausamen Tod durch Kampf zu beschwören,
    ach, er droht und er kommt schweigenden Schrittes auch so.
Drunten warten nicht Saaten auf uns, nicht Wingerte, sondern
    Zerberus und des Styx grausiger Fährmann am Fluß:
Dort irrt öde in Augenhöhlen, verbrannt an den Haaren
    zu dem Dunkel des Stroms bleich die entgeisterte Schar.
O wie lob ich das Dasein hier, wenn kindergesegnet
    langsam das Alter sich naht traulich am heimischen Herd!
Selber hütet er seine Schafe, der Sohn weidet Lämmer,
    und ein wohliges Bad rüstet dem Müden das Weib.
So werd' es mir, so bleiche das Alter die Haare mir gnädig,
    so dann künd' ich als Greis Taten vergangener Zeit.
Frieden pflegt uns derweilen die Felder. Der heilige Frieden
    spannte zuerst in das Joch Rinder, zu ackern das Land.
Frieden ernährte die Reben, bewahrte den Trauben die Säfte,
    daß die Krüge des Ahns Weine noch spenden dem Sohn.
Blank sind Harke und Pflugschar im Frieden, des harten Soldaten
    grausame Waffen verzehrt heimlich im Dunkel der Rost.
Abends fährt dann vom Festplatz der Bauer nicht eben recht nüchtern
    seine Kinder, sein Weib schwankenden Wagens nach Haus.
Nun entbrennen die Kämpfe der Liebe; es jammert die Gattin,
    daß er die Türen ihr stürmt, daß er die Haare ihr rauft,
weint, weil er ihr die Wangen zerkratzt; der Sieger, er weint auch,
    daß seine frevelnde Hand solches Verbrechen vermocht.
Amor, der Lose, er schürt des Geplänkels verletzende Worte,
    sitzt gelassenen Sinns zwischen der Streitenden Zorn.
Ach, von Eisen ist und von Stein, wer sein Weib, das er lieb hat,
    schlägt und quält; er vertreibt Götter vom hohen Olymp.
Es genüge, das leichte Gewand vom Leibe zu reißen,
    es genüge, des Haars artigen Schmuck zu zerstör'n,
es genüge, zu Tränen zu reizen, – ach vierfach ist glücklich,
    wem ein reizendes Weib Zürnen mit Tränen vergibt.
Doch wer sich rasender Hand vergeht, trage Waffen und Schanzpfahl,
    Gnade der Venus und Huld bleibe ihm ferne und fremd.

at nobis, Pax alma, veni spicamque teneto,
  perfluat et pomis candidus ante sinus.

*

Liber secundus, 1

Quisquis adest, faveat: fruges lustramus et agros,
  ritus ut a prisco traditus extat avo.
Bacche, veni, dulcisque tuis e cornibus uva
  pendeat, et spicis tempora cinge, Ceres.
luce sacra requiescat humus, requiescat arator,
  et grave suspenso vomere cesset opus.
solvite vincla iugis: nunc ad praesepia debent
  plena coronato stare boves capite.
omnia sint operata deo: non audeat ulla
  lanificam pensis inposuisse manum.
vos quoque abesse procul iubeo, discedat ab aris,
  cui tulit hesterna gaudia nocte Venus.
casta placent superis: pura cum veste venite
  et manibus puris sumite fontis aquam.
cernite, fulgentes ut eat sacer agnus ad aras
  vinctaque post olea candida turba comas.
di patrii, purgamus agros, purgamus agrestes:
  vos mala de nostris pellite limitibus,
neu seges eludat messem fallacibus herbis,
  neu timeat celeres tardior agna lupos.
tunc nitidus plenis confisus rusticus agris
  ingeret ardenti grandia ligna foco,
turbaque vernarum, saturi bona signa coloni.
  ludet et ex virgis extruet ante casas.
eventura precor: viden ut felicibus extis
  significet placidos nuntia fibra deos?

Uns aber, nährender Friede, erscheine und reiche uns Ähren,
spende aus weißem Gewand Hülle und Fülle der Frucht.

*

Flurenweihe

Jeder schweige, der naht: Wir weihen die Fluren und Früchte,
wie's uns als heiligen Brauch würdig der Ahne gelehrt.
Bacchus, erscheine, umwinde dein Haupt mit reifenden Trauben,
Ceres, um deine Stirn lege den Ährenkranz dir.
Heiligen Lichtes erfüllt nun ruhe das Land und der Landmann;
stellt die Pflugschar beiseit', Plage und Arbeit sie ruhn!
Löst den Ochsen das Joch und schmückt ihre Häupter mit Blumen,
vor der Krippe voll Heu raste der Rinder Gespann.
Alles sei nun dem Gotte verwirkt, heute wage mir keine
wollewebende Hand emsiger Arbeit Beschwer.
Fernab stehe, so geht mein Gebeiß, und meide den Altar,
wer in vergangener Nacht Lüste der Liebe genoß.
Keusche erfreuen die Götter; in weißen Kleidern erscheinet,
schöpfet mit sauberer Hand springendes Wasser vom Quell.
Sehet, es schreitet geweiht das Lamm zu der Flamme des Altars,
Bauern im weißen Gewand folgen, den Ölzweig im Haar.
Götter der Väter, wir weihen die Äcker, wir weihen die Fluren,
daß ihr aus unserem Hain Unheil und Übel vertreibt;
daß nicht die Saat vor der Ernte ersticke im täuschenden Unkraut,
daß nicht das langsame Lamm fürchte den schnelleren Wolf.
Heute häuft sich der Bauer, der Fülle der Ernte vertrauend,
Klötze von köstlichem Holz auf die Altäre zum Brand.
Scharen der Sklaven, ein glückliches Volk im blühenden Wohlstand,
plaudern und bauen sich auf Zelte aus Zweigen von Laub.
Glück sei unser Geleit: Sieh, wie aus kündenden Zeichen,
wie aus des Lammes Gedärm gnädig die Götter uns schaun!

nunc mihi fumosos veteris proferte Falernos
　　consulis et Chio solvite vincla cado.
vina diem celebrent: non festa luce madere
　　est rubor, errantes et male ferre pedes.
sed 'bene Messallam' sua quisque ad pocula dicat,
　　nomen et absentis singula verba sonent.
gentis Aquitanae celeber Messalla triumphis
　　et magna intonsis gloria victor avis,
huc ades adspiraque mihi, dum carmine nostro
　　redditur agricolis gratia caelitibus.
rura cano rurisque deos: his vita magistris
　　desuevit querna pellere glande famem,
illi conpositis primum docuere tigillis
　　exiguam viridi fronde operire domum,
illi etiam tauros primi docuisse feruntur
　　servitium et plaustro subposuisse rotam.
tunc victus abiere feri, tunc consita pomus,
　　tunc bibit inriguas fertilis hortus aquas,
aurea tunc pressos pedibus dedit uva liquores
　　mixtaque securo est sobria lympha mero.
rura ferunt messes, calidi cum sideris aestu
　　deponit flavas annua terra comas.
rure levis verno flores apis ingerit alveo,
　　conpleat ut dulci sedula melle favos.
agricola adsiduo primum satiatus aratro
　　cantavit certo rustica verba pede
et satur arenti primum est modulatus avena
　　carmen, ut ornatos diceret ante deos,
agricola et minio subfusus, Bacche, rubenti
　　primus inexperta duxit ab arte choros.
huic datus a pleno, memorabile munus, ovili
　　dux pecoris hircus auxerat hircus oves.
rure puer verno primum de flore coronam
　　fecit et antiquis inposuit Laribus.

Bringt mir den herben Falerner, gelagert zu Zeiten des alten
      Konsuls und löst mir das Band dort von dem Chierweinkrug.
Weinrausch feire den Tag, am festlichen Tage nicht trunken
      sein und nicht schwankend im Fuß torkeln, ist Sünde und Schmach.
Jeder spreche: „Messalla, er lebe!" und leere den Becher;
      bist du auch ferne, von Mund töne dein Name zu Mund.
Großer Messalla, du hast Aquitaniens Volk überwunden,
      hast mit dem Ruhm deines Siegs hoch deine Ahnen geehrt,
stehe mir bei, begeistre du mich, daß der Glanz meines Sanges
      Gnade der Götter erfleht, Segen für Bauer und Land.
Äcker besing' ich und Götter der Äcker: sie waren uns Lehrer,
      daß uns den Hunger nicht mehr mager die Eichel vertreibt.
Götter lehrten uns einst, die Balken zu Dächern zu fügen
      und das bescheidene Haus schützen mit grünendem Laub.
Götter lehrten uns erst, die Stiere zum Dienste zu beugen
      und ein rollendes Rad unter den Wagen zu tun.
So überwanden wir Speise der Wilden, wir pflanzten den Obstbaum,
      gaben den fruchtbaren Quell unserem Garten zum Trunk.
Damals gab die goldene Traube gepreßt ihre Säfte,
      und mit Wasser vermischt ward uns erheiternd der Wein.
Ernten brachten die Äcker, im Atmen der wärmenden Sonne
      schenkte uns Jahr für Jahr goldene Ähren das Land.
Blüten vom lenzlichen Land besaugte die emsige Biene,
      um mit köstlichem Seim Waben zu füllen im Stock.
Da erst formte der Landmann, ermattet von Plage und Arbeit,
      die er am Pfluge getan, knorrige Worte im Takt.
Speisengesättigt gelang ihm zuerst das Lied auf der Flöte,
      das er dem Gotte zum Ruhm, den er bekränzte, nun sang.
Da erst schwang er zum Tanze sich auf zu Ehren des Gottes
      kaum noch gelenke zur Kunst, Wangen mit Mennig gefärbt.
Dann zum Lohne als kostbare Gabe aus wohligem Stalle
      ward ihm ein Widder geschenkt, daß er die Herde vermehr'!
Blumen der Frühlingsflur flocht erstmals der Knabe zum Kranze,
      wand ihn dem würdigen Lar schmückend ums heilige Haupt.

rure etiam teneris curam exhibitura puellis
    molle gerit tergo lucida vellus ovis.
hinc et femineus labor est, hinc pensa colusque,
    fusus et adposito pollice versat opus:
atque aliqua adsidue textrix operata Minervam
    cantat, et adplauso tela sonat latere.
ipse quoque inter agros interque armenta Cupido
    natus et indomitas dicitur inter equas.
illic indocto primum se exercuit arcu:
    ei mihi, quam doctas nunc habet ille manus!
nec pecudes, velut ante, petit: fixisse puellas
    gestit et audaces perdomuisse viros.
hic iuveni detraxit opes, hic dicere iussit
    limen ad iratae verba pudenda senem:
hoc duce custodes furtim transgressa iacentes
    ad iuvenem tenebris sola puella venit
et pedibus praetemptat iter suspensa timore,
    explorat caecas cui manus ante vias.
a miseri, quos hic graviter deus urget! at ille
    felix, cui placidus leniter adflat Amor.
sancte, veni dapibus festis, sed pone sagittas
    et procul ardentes hinc precor abde faces.
vos celebrem cantate deum pecorique vocate
    voce: palam pecori, clam sibi quisque vocet,
aut etiam sibi quisque palam: nam turba iocosa
    obstrepit et Phrygio tibia curva sono.
ludite: iam Nox iungit equos, currumque sequuntur
    matris lascivo sidera fulva choro,
postque venit tacitus furvis circumdatus alis
    Somnus et incerto Somnia nigra pede.

Auch auf dem Lande, den reizenden Mädchen zur lastenden Arbeit,
    trägt sein molliges Vlies schimmernd am Rücken das Lamm.
Werk nun der Weiber beginnt, aus Wolle den Faden zu ziehen,
    Finger am Rocken gewandt spinnen sie hurtig mit Fleiß:
emsig das Rädchen gedreht zu Ehren der hehren Minerva
    klingt die Spindel und singt, klingt auch im Klappern der Stein.
Amor wurde inmitten der Herden der Rinder geboren;
    Stuten, die ungezähmt, waren sein erstes Geleit.
Erstmals übte er hier, den Bogen noch ungelenk führend;
    ach, wie gut und gelenk führt ihn nun jetzt seine Hand!
Tiere wie einst begehrt er nicht mehr, jetzt zielt er auf Mädchen,
    wagender Männer Begehr zwingt er mit seinem Geschoß,
Junge bringt er um Hab und Gut und Greise verführt er,
    schamlos eifern sie geil, wenn sie ein Mädchen verschmäht.
Er ist es schuld, wenn ein Mädchen die Wächter geheim überlistet
    und im Dunkel der Nacht einsam dem Knaben sich naht,
zagenden Fußes die Wege begeht, vor Furcht fast vergehend,
    und mit tastender Hand heimliche Pfade sich bahnt.
Gnade sei dem, den der Gott so bedrückt! – doch jener ist glücklich,
    den mit lindigem Hauch Amor gewährend anweht.
Heiliger Gott, komm' gnädig zum Fest, leg' abseits die Pfeile,
    lege die Fackel auch weg, daß uns der Funke nicht treff'.
Ihr aber feiert mit Liedern den Gott und weiht ihm die Herde;
    laut weiht die Herde dem Gott, heimlich bitt' jeder für sich.
Laut nun bitte auch jeder für sich, denn jubelnd im Schwunge
    lärmt nach der Flöte Getön rasend berauscht nun das Volk.
Scherzt noch: schon schirrt ihre Rosse die Nacht; dem Wagen der Mutter
    folgt in loderndem Chor schimmernder Sterne Geleucht,
folgt auf schweigenden Schwingen das nachtumschlungene Dunkel,
    tastenden Fußes der Schlaf, Schlaf und der lastende Traum.

Dicamus bona verba: venit Natalis ad aras:
  quisquis ades, lingua, vir mulierque, fave.
urantur pia tura focis, urantur odores,
  quos tener e terra divite mittit Arabs.
ipse suos Genius adsit visurus honores,
  cui decorent sanctas mollia serta comas.
illius puro destillent tempora nardo,
  atque satur libo sit madeatque mero,
adnuat et, Cornute, tibi, quodcumque rogabis.
  en age, quid cessas? adnuit ille: roga!
auguror, uxoris fidos optabis amores:
  iam reor hoc ipsos edidicisse deos.
nec tibi malueris, totum quaecumque per orbem
  fortis arat valido rusticus arva bove,
nec tibi, gemmarum quidquid felicibus Indis
  nascitur, Eoi qua maris unda rubet.
vota cadunt: utinam strepitantibus advolet alis
  flavaque coniugio vincula portet Amor,
vincula, quae maneant semper, dum tarda senectus
  inducat rugas inficiatque comas.
hic veniat Natalis avis prolemque ministret,
  ludat et ante tuos turba novella pedes.

Rura meam, Cornute, tenent villaeque puellam:
  ferreus est, heu heu, quisquis in urbe manet.
ipsa Venus latos iam nunc migravit in agros,
  verbaque aratoris rustica discit Amor.
o ego, cum adspicerem dominam, quam fortiter illic
  versarem valido pingue bidente solum

Geburtstagsglückwunsch für Cornutus

Glückwunsch bringen wir dir! Dein Genius naht sich dem Altar,
    Mann oder Weib, wer da kommt, wünschen dir Segen und Glück.
Weihender Weihrauch brenne am Herde, es brennen die Düfte,
    die von des Arabers Flur fruchtende Erde uns gab.
Selbst dein Genius komme zu sehen, wie man ihn ehre,
    und des Kranzes Gewind ziere sein heiliges Haar.
Seine Stirne erschimmre im Glanze der edelsten Narde,
    Kuchen sättige ihn, fließe ihm Fülle des Weins.
Er gewähr' dir an Wünschen, Cornutus, was je du erbeten,
    zögre nicht, sage den Wunsch: schon hat der Gott ihn gewährt.
Ahne ich recht, so wünschst du die Liebe und Treue der Gattin;
    schon, ich weiß es genau, schenkte der Gott dir Gehör.
Dies ist dir lieber, als wenn der brave Bauer mit starken
    Stieren dir Äcker bestellt weit in der Runde der Welt;
lieber als wenn in Indiens glückhaftem Lande dir Perlen
    wüchsen, wo Morgenrot rötet die Wellen des Meers.
Günstig fällt dir dein Los. Oh, daß dir auf rauschenden Schwingen
    Amor zur Ehe erschein', schlinge das goldene Band,
Bande auf ewig geknüpft, bis lastend das grabende Alter
    Furchen und Runzeln dir zieht, silbern die Haare dir färbt.
So erscheine auf Flügeln dein Genius, schenke dir Enkel,
    daß zu den Füßen dir spielt heiter die reizende Schar.

An Nemesis. Der reichgewordene Liebhaber

Ach, Cornutus, mein Mädchen wohnt jetzt auf dem Lande im Gutshaus,
    töricht wahrlich ist da, wer in der Stadt noch verweilt.
Venus selber zog jetzt hinaus in die lachenden Fluren,
    Amor lernt ländlichen Spruch, wie ihn der Bauer gebraucht.
Ach, wenn ich dort mein Mädchen erblickte, wie würde ich eifrig
    mit dem gezinkten Karst harken das fruchtende Land,

agricolaeque modo curvum sectarer aratrum,
  dum subigunt steriles arva serenda boves!
nec quererer, quod sol graciles exureret artus,
  laederet et teneras pussula rupta manus.
pavit et Admeti tauros formosus Apollo,
  nec cithara intonsae profueruntve comae,
nec potuit curas sanare salubribus herbis:
  quidquid erat medicae, vicerat, artis, amor.
ipse deus solitus stabulis expellere vaccas

  . . . .

et miscere novo docuisse coagula lacte,
  lacteus et mixtus obriguisse liquor.
tunc fiscella levi detexta est vimine iunci,
  raraque per nexus est via facta sero.
o quotiens illo vitulum gestante per agros
  dicitur occurrens erubuisse soror!
o quotiens ausae, caneret dum valle sub alta,
  rumpere mugitu carmina docta boves!
saepe duces trepidis petiere oracula rebus,
  venit et a templis inrita turba domum;
saepe horrere sacros doluit Latona capillos,
  quos admirata est ipsa noverca prius.
quisquis inornatumque caput crinesque solutos
  adspiceret, Phoebi quaereret ille comam.
Delos ubi nunc, Phoebe, tua est, ubi Delphica Pytho?
  nempe Amor in parva te iubet esse casa.
felices olim, Veneri cum fertur aperte
  servire aeternos non puduisse deos.
fabula nunc ille est, sed cui sua cura puella est,
  fabula sit mavolt quam sine amore deus.
at tu, quisquis is es, cui tristi fronte Cupido
  imperat, ut nostra sint tua castra domo:
ferrea non Venerem, sed praedam saecula laudant,
  praeda tamen multis est operata malis.

würde dem krummen Pfluge des Bauern mit Emsigkeit folgen,
    wenn das Ochsengespann Furchen zum Säen aufwirft;
klagte nicht, wenn mir die Sonne die zarten Glieder verdorrte,
    wenn die verweichlichte Hand blutig von Blasen und wund.
Als einst der schlanke Apoll des Admetus Rinder geweidet,
    schützte die Zither ihn nicht, nicht auch sein wallendes Haar.
Wunden konnte er sich mit lindernden Kräutern nicht heilen,
    über die ärztliche Kunst siegte der Liebe Gewalt.
Selber pflegte der Gott die Rinder vom Stalle zu treiben
    (und mit eigener Hand molk er das Euter der Kuh);
lehrte, die frische Milch mit bindendem Labe zu mischen,
    daß das gemischte Naß leichter zur Masse erstarrt.
Dann ward ein Sieb von jungen Ruten der Binse geflochten,
    daß die Molke die Bahn eng durch die Maschen nur fand.
Oh, wie oft, wenn er Herden in weiten Gefilden geweidet,
    kreuzte die Schwester die Bahn, stieg ihr die Röte zur Stirn.
Oh, wie oft, wenn im tiefen Tal seine Lieder erschallten,
    störte der Rinder Gebrüll heiliger Töne Gebet.
Oft wenn die Führer bei großer Gefahr das Orakel befragten,
    kehrten sie ohne Spruch heim von des Gottes Altar.
Oft auch weinte Latona, daß so seine Haare uns schrecken,
    die sie als Mutter dereinst liebend bestaunt und gepflegt.
Wer so sein Haupt ohne Schmuck, sein Haar ohne sorgliche Pflege
    sah, der fragte sich wohl: Ist das Apollos Gelock?
Wo bleibt, Apollo, dein Delos, wo bleibt das delphische Pytho?
    Aber die Liebe befiehlt, daß eine Hütte dein Heim.
Glücklich waren sie einst, denn im Freien der Liebe zu dienen,
    schämten, wie man erzählt, ewige Götter sich nicht.
Märchenhaft scheint uns das heut; doch wem sein Mädchen sehr lieb ist,
    glaubt dem Märchen, doch nicht, daß ohne Liebe der Gott.
Du aber, wer du auch seist, den Amor mit finsterer Stirne
    quält, du wünschest dir wohl, daß unser Lager dein Heim.
Eiserne Zeiten begehren nicht Liebe, begehren nur Beute,
    Beute jedoch ist stets reichlich mit Leiden verknüpft.

praeda feras acies cinxit discordibus armis:
    hinc cruor, hinc caedes mors propiorque venit.
praeda vago iussit geminare pericula ponto,
    bellica cum dubiis rostra dedit ratibus.
praedator cupit inmensos obsidere campos,
    ut multa innumera iugera pascat ove;
cui lapis externus curae est, urbisque tumultu
    portatur validis mille columna iugis,
claudit et indomitum moles mare, lentus ut intra
    neglegat hibernas piscis adesse minas.
(at mihi laeta trahant Samiae convivia testae
    fictaque Cumana lubrica terra rota.)
heu heu divitibus video gaudere puellas:
    iam veniant praedae, si Venus optat opes,
ut mea luxuria Nemesis fluat utque per urbem
    incedat donis conspicienda meis.
illa gerat vestes tenues, quas femina Coa
    texuit auratas disposuitque vias;
illi sint comites fusci, quos India torret
    Solis et admotis inficit ignis equis;
illi selectos certent praebere colores
    Africa puniceum purpureumque Tyros.
nota loquor: regnum ipse tenet, quem saepe coegit
    barbara gypsatos ferre catasta pedes.
at tibi dura seges, Nemesim qui abducis ab urbe,
    persolvat nulla semina terra fide.
et tu, Bacche tener, iucundae consitor uvae,
    tu quoque devotos, Bacche, relinque lacus.
haud inpune licet formosas tristibus agris
    abdere: non tanti sunt tua musta, pater.
o valeant fruges, ne sint modo rure puellae:
    glans alat, et prisco more bibantur aquae.
glans aluit veteres, et passim semper amarunt:
    quid nocuit sulcos non habuisse satos?

Beute reizte die Reihen der Streiter zu rasendem Kampfe,
    brachte uns Blut und Mord, brachte uns näher den Tod.
Beute hieß uns Gefahren auf wogendem Meere zu doppeln,
    als wir Rammen zum Kampf gaben dem schwankenden Schiff.
Beutegierige suchen Unmengen von Feldern zu raffen,
    daß auf riesiger Flur weide unzähliges Vieh.
Wem es nach Marmor gelüstet, dem fährt man auf tausend beladnen
    Wagen der Säulen Pracht durch das Getümmel der Stadt;
baut einen Damm in das Meer, das nie bezähmte, daß drinnen
    vor des Winters Gewalt sicher man fange den Fisch.
Mir aber bringe zum frohen Gelage die samische Schale
    und von Cumä den Krug rötlich aus Erde gedreht.
Wehe o weh, an Reichen nur seh' ich erfreuen sich Mädchen:
    käme mir Beute ins Haus, – Venus wünscht Reichtum und Gold –,
schwämme im Überfluß Nemesis mir und schritte von meinen
    Gaben geschmückt durch die Stadt, allen den Gaffern ein Neid;
trüge geschmeidige weiche Kleider, die coische Weiber
    reich mit goldener Bahn glänzend gewirkt und gewebt;
gingen ihr Mohren begleitend zur Seite, die Indiens Sonne
    und der Rosse Gespann schwarz wie im Feuer gebrannt;
stritten erlesene Farben sich, sie köstlich zu schmücken:
    Afrikas punisches Rot, Purpur von Tyrus' Gestad.
Ach, was schwatz' ich, der ist jetzt dein König, der oftmals als Sklave
    gypsbezeichnet am Fuß feil vor den Schranken einst stand.
Dir verkomme die Saat, der du Nemesis stadtfern entführt hast;
    dein geworfenes Korn löse die Hoffnung nicht ein.
Und du, freundlicher Bacchus, du Pflanzer der köstlichen Reben,
    du auch, Bacchus, entflieh, da nun der Weinkrug entweiht.
Keiner darf straflos auf ödem Lande die Schönen verbergen,
    hierzu Vater, fürwahr sind deine Weine zu gut.
Feldfrucht mag gerne gedeihn, für Mädchen ist's nichts auf dem Lande,
    Eichel und Wasser genügt, wie es die Sitte einst war.
Eicheln aßen die Alten und trotzdem liebten sie schweifend,
    tat's was, daß sie noch nicht Furchen zum Säen gekannt?

tunc, quibus adspirabat Amor, praebebat aperte
    mitis in umbrosa gaudia valle Venus.
nullus erat custos, nulla exclusura dolentes
    ianua: si fas est, mos precor ille redi.

. . . .

    horrida villosa corpora veste tegant.
nunc si clausa mea est, si copia rara videndi,
    heu miserum, laxam quid iuvat esse togam?
ducite: ad imperium dominae sulcabimus agros,
    non ego me vinclis verberibusque nego.

Liber secundus, 4

Sic mihi servitium video dominamque paratam:
    iam mihi, libertas illa paterna, vale,
servitium sed triste datur, teneorque catenis,
    et numquam misero vincla remittit Amor,
et seu quid merui seu quid peccavimus, urit.
    uror, io, remove, saeva puella, faces!
o ego ne possim tales sentire dolores,
    quam mallem in gelidis montibus esse lapis,
stare vel insanis cautes obnoxia ventis,
    naufraga quam vasti tunderet unda maris!
nunc et amara dies et noctis amarior umbra est,
    omnia nunc tristi tempora felle madent.
nec prosunt elegi nec carminis auctor Apollo:
    illa cava pretium flagitat usque manu.
ite procul, Musae, si non prodestis amanti:
    non ego vos, ut sint bella canenda, colo,
nec refero Solisque vias et qualis, ubi orbem
    conplevit, versis Luna recurrit equis.
ad dominam faciles aditus per carmina quaero:
    ite procul, Musae, si nihil ista valent!

Denen, die Amor entzündet, gewährte Venus im Freien
    gnädig im schattigen Hain tätiger Liebe Genuß.
Nirgends fand sich ein Wächter, kein Tor schloß Trauernde abseits;
    wär' es nicht Unrecht, ich wünscht' wieder uns solchen Gebrauch.
(Heiteren Himmels fand Lust sich zu Lust zu Ehren der Göttin),
    auch wenn nur rauhes Gewand zottige Glieder verhüllt.
Jetzt, wo mein Mädchen mir fern und selten die Gunst, sie zu sehen,
    ach, was nützt meiner Not heute das reichere Kleid?
Auf denn, so will ich im Dienste der Herrin gern ackern und pflügen,
    Fesseln fürchte ich nicht, Schläge sie wiegen nicht schwer.

An Nemesis. Fluch der käuflichen Liebe

Hier ach, sehe ich Dienst und seh' einer Herrin Befehle,
    Freiheit von Vätern ererbt, Freiheit entschwindet mir nun.
Bitterer Dienst liegt mir ob, und ich werde in Banden gehalten,
    nimmer mich Armen erlöst Amor aus fesselnder Haft.
Ob ich's verdient, ob leicht ich gesündigt — es brennt mir ein Feuer,
    rasendes Mädchen halt ein, nimm deine Fackel zurück.
Oh, daß ich nimmer solch quälende Schmerzen zu dulden verdammt wär',
    lieber läg' ich als Stein droben am eisigen Berg.
Lieber ständ' ich als Riff den wütenden Winden zum Angriff,
    das die Woge des Meers schiffezertrümmernd bestürmt!
Jetzt ist mir bitter der Tag und bitter der Schatten der Nächte,
    all meine Zeit überströmt beißende Galle und Qual.
Lieder nützen mir nichts und nichts ihr Entzünder Apollo,
    weil mit offener Hand Lohn sie für Liebe begehrt.
Musen hebt euch von mir, wenn ihr meine Liebe nicht fördert:
    nicht als Sänger des Kriegs hab' ich euch züchtig verehrt,
nicht besing' ich die Bahnen der Sonne, und wie dann des Mondes
    rossegewendeter Lauf alles mit Glanz überstrahlt.
Günstige Wege der Herrin ersehn' ich mir durch meine Lieder;
    Musen hebt euch hinweg, wenn ihr nicht solches vermögt.

at mihi per caedem et facinus sunt dona paranda,
  ne iaceam clausam flebilis ante domum,
aut rapiam suspensa sacris insignia fanis,
  sed Venus ante alios est violanda mihi.
illa malum facinus suadet dominamque rapacem
  dat mihi: sacrilegas sentiat illa manus.
o pereat, quicumque legit viridesque smaragdos
  et niveam Tyrio murice tingit ovem.
hic dat avaritiae causas et Coa puellis
  vestis et e Rubro lucida concha mari.
haec fecere malas: hinc clavim ianua sensit,
  et coepit custos liminis esse canis.
sed pretium si grande feras, custodia victa est,
  nec prohibent claves, et canis ipse tacet.
heu quicumque dedit formam caelestis avarae,
  quale bonum multis attulit ille malis!
hinc fletus rixaeque sonant, haec denique causa
  fecit ut infamis hic deus esset Amor.
at tibi, quae pretio victos excludis amantes,
  eripiant partas ventus et ignis opes:
quin tua tunc iuvenes spectent incendia laeti,
  nec quisquam flammae sedulus addat aquam;
seu veniet tibi mors, nec erit qui lugeat ullus,
  nec qui det maestas munus in exequias.
at bona quae nec avara fuit, centum licet annos
  vixerit, ardentem flebitur ante rogum,
atque aliquis senior veteres veneratus amores
  annua constructo serta dabit tumulo
et 'bene' discedens dicet 'placideque quiescas,
  terraque securae sit super ossa levis.'
vera quidem moneo, sed prosunt quid mihi vera?
  illius est nobis lege colendus Amor.
quin etiam sedes iubeat si vendere avitas,
  ite sub imperium sub titulumque, Lares!

Ach, durch Verbrechen und Mord muß ich mir Geschenke erwerben,
  will ich nicht jammernd in Qual stehn vor verschlossenem Haus;
Weihegeschenke aus heiligem Haine muß ich mir rauben;
  aber vor allem zuerst raub' ich von Venus Altar!
Selber riet sie solch frevelnde Tat: Sie gab zur Geliebten
  mir ein heischendes Weib, selber nun spür' sie den Raub.
Ach, es verderbe, wer grüne Smaragde als Gaben sich sammelt,
  wer mit der Schnecke Saft rötet die Wolle des Schafs.
Quellen schafft er der Habsucht, schafft lockre Gewänder den Mädchen,
  schafft aus schlummerndem Meer schimmernder Perlen Geschmeid.
Sie verderben die Weiber; so schließt nun ein Riegel die Tore
  und zum Hüter der Tür wurden uns Hunde bestellt.
Bringst du aber ein reiches Geschenk, bestichst du die Wächter,
  Schlösser tuen sich auf, Kläffen der Hunde verstummt.
Ach, welcher Gott gab dem gierigen Weibe solch strahlende Schönheit,
  Übel unzähligster Art mischte er köstlichstem Gut!
Jammer und Hader erschallen uns nun, nun haben wir Grund auch,
  daß uns Amor, der Gott, wie ein Verfluchter erscheint.
Dir aber, die du um goldenen Lohn verschmähst, die dich lieben,
  Feuer vernichte und Sturm, was du an Gaben erwarbst.
Deine Verehrer sollen frohlocken beim Brand deiner Habe,
  keiner eile herbei, daß er die Flamme dir lösch'.
Wenn der Tod dir dann kommt, wird keiner in Trübsal verfallen,
  keiner bringt ein Geschenk dir für das Trauergefolg.
Die aber gut und nicht gierig verfuhr, und habe sie hundert
  Jahre gelebt, wird beweint, wenn sie die Flamme verzehrt.
Einer, der älter und reif und einstiger Liebe Verehrer,
  spendet alljährlich den Kranz ihr auf den Hügel des Grabs.
„Ruhe du wohl und sanft,“ so spricht er leise im Scheiden,
  „Ohne Sorgen und leicht decke das Land dein Gebein.“ –
Wahrheit künde ich euch, – doch sagt, was nützt mir die Wahrheit?
  Mit verruchtestem Brauch muß man verehren den Gott.
Ja, wenn sie gar befiehlt, der Väter Thron zu verhandeln,
  Laren, beugt euch dem Joch, beugt euch dem argen Befehl.

quidquid habet Circe, quidquid Medea veneni,
    quidquid et herbarum Thessala terra gerit,
et quod, ubi indomitis gregibus Venus adflat amores,
    hippomanes cupidae stillat ab inguine equae,
si modo me placido videat Nemesis mea vultu,
    mille alias herbas misceat illa, bibam.

Liber secundus, 5

Phoebe, fave: novus ingreditur tua templa sacerdos:
    huc age cum cithara carminibusque veni.
nunc te vocales inpellere pollice chordas,
    nunc precor ad laudes flectere verba meas.
ipse triumphali devinctus tempora lauro,
    dum cumulant aras, ad tua sacra veni;
sed nitidus pulcherque veni: nunc indue vestem
    sepositam, longas nunc bene pecte comas,
qualem te memorant Saturno rege fugato
    victori laudes concinuisse Iovi.
tu procul eventura vides, tibi deditus augur
    scit bene, quid fati provida cantet avis,
tuque regis sortes, per te praesentit haruspex,
    lubrica signavit cum deus exta notis;
te duce Romanos numquam frustrata Sibylla,
    abdita quae senis fata canit pedibus.
Phoebe, sacras Messalinum sine tangere chartas
    vatis, et ipse precor quid canat illa doce.
haec dedit Aeneae sortes, postquam ille parentem
    dicitur et raptos sustinuisse Lares;
nec fore credebat Romam, cum, maestus ab alto
    Ilion ardentes respiceretque deos.
Romulus aeternae nondum formaverat urbis
    moenia, consorti non habitanda Remo,

Was einst Circe und was Medea an Giften besessen,
    was an zauberndem Kraut Thessalas Erde erzeugt,
was an Geile den Stuten entfließt, die brünstig geworden,
    wenn sie noch unbezähmt wütende Liebe bestürmt,
ach, und tausend andere Gifte magst du mir mischen:
    Winkst du Gewährung mir zu, Nemesis, trinke ich's gern.

Lob Apollos

Phöbus sei gnädig, ein neuer Priester betritt deinen Tempel,
    komme mit Eile herbei, komme mit Leier und Lied.
Schlage, so bitt' ich, mit deinem Daumen die tönenden Saiten,
    flöße zu meinem Gesang würdige Worte mir ein.
Komme die Stirn umwunden mit grünendem Lorbeer des Siegers,
    komme zu deinem Altar, den wir mit Kränzen geschmückt.
Aber komme in Glanz und in Pracht und in Festtagsgewändern;
    ordne mit sorgender Hand, Phöbus, dein wallendes Haar,
wie die Sage dich rühmt, als Saturn vom Throne verstoßen,
    und du Lieder einst sangst Zeus dem Besieger und Herrn.
Zukunft siehst du voraus; der dir ergebene Augur
    weiß, welch künftiges Los kündender Vogel uns singt.
Du entscheidest das Schicksal, durch dich sagt wahr der Beschauer,
    wenn in der Leber der Gott drohende Zeichen uns zeigt.
Dein der Verdienst, wenn die Römer noch nie die Sibylle getäuscht hat,
    wenn sie im Sechsvers uns Dunkel der Zukunft enthüllt.
Phöbus, laß Messalinus die heiligen Bücher berühren,
    lehre ihn selber, ich bitt', was uns die Seherin singt.
Künderin war sie Äneas schon, als einst er gerettet
    Vater und Laren aus Not, wie uns die Sage erzählt.
Damals ahnte er nichts noch von Rom, als traurig vom Meer aus
    Ilions Flammen er sah, sah wie die Götter verbrannt.
Romulus hatte noch nicht die Mauern der ewigen heiligen
    Stadt gegründet, die nicht Remus zum Heime bestimmt.

sed tunc pascebant herbosa Palatia vaccae,
  et stabant humiles in Iovis arce casae.
lacte madens illic suberat Pan ilicis umbrae
  et facta agresti lignea falce Pales,
pendebatque vagi pastoris in arbore votum,
  garrula silvestri fistula sacra deo,
fistula, cui semper decrescit arundinis ordo:
  nam calamus cera iungitur usque minor.
at qua Velabri regio patet, ire solebat
  exiguus pulsa per vada linter aqua.
illa saepe gregis diti placitura magistro
  ad iuvenem festa est vecta puella die,
cum qua fecundi redierunt munera ruris,
  caseus et niveae candidus agnus ovis. —
'inpiger Aenea, volitantis frater Amoris,
  Troica qui profugis sacra vehis ratibus,
iam tibi Laurentes adsignat Iuppiter agros,
  iam vocat errantes hospita terra Lares.
illic sanctus eris, cum te veneranda Numici
  unda deum caelo miserit indigetem.
ecce super fessas volitat Victoria puppes,
  tandem ad Troianos diva superba venit.
ecce mihi lucent Rutulis incendia castris:
  iam tibi praedico, barbare Turne, necem.
ante oculos Laurens castrum murusque Lavini est
  Albaque ab Ascanio condita Longa duce.
te quoque iam video, Marti placitura sacerdos
  Ilia, Vestales deseruisse focos,
concubitusque tuos furtim vittasque iacentes
  et cupidi ad ripas arma relicta dei.
carpite nunc, tauri, de septem montibus herbas,
  dum licet: hic magnae iam locus urbis erit.
Roma, tuum nomen terris fatale regendis,
  qua sua de caelo prospicit arva Ceres,

Damals grasten noch Herden im Hain, wo der Palatin jetzt ragt,
  niedere Hütte noch stand, wo jetzt des Jupiters Burg.
Damals lag Pan noch triefend von Milch im Schatten der Eichen,
  lag noch Pales aus Holz roh mit dem Messern geschnitzt.
Damals hing noch am Baume das Weihgeschenk wandernder Hirten,
  hing noch die Flöte am Baum, die für den Herdgott ertönt, —
trillernde Flöte, die Rohr an Rohr der Reihe nach abnimmt,
  kleiner wird immer das Rohr, alles verbindet das Wachs.
Wo jetzt Velabrums Hain sich öffnet, da schwammen noch schmale
  Nachen auf sanfter Flut, ruhig vom Ruder bewegt.
Oft fuhr ein Mädchen dort wohl, dem der Herr der begnadeten Herde
  gut war, zu ihrem Freund fröhlich zum festlichen Tag.
Kam mit lieben Geschenken zurück vom fruchtenden Acker,
  Käse, ein Lämmchen wohl auch, prangend im schneeigen Vlies. —
„Wandrer Äneas, du Bruder des weltenschweifenden Amor,
  der du im flüchtenden Schiff Ilions Heilige bargst,
schon zeigt Jupiter dir Laurentiens Fluren als Heimstatt,
  ladet das gastliche Land fahrende Laren zur Rast.
Hier wirst du einstens verehrt, wenn die heilige Flut des Numikus
  als einen heimischen Gott dich an den Himmel versetzt.
Siehe, schon schwebt über müden Schiffen die Göttin des Sieges,
  stellt sich nun endlich voll Stolz auch den Trojanern zur Seit'.
Siehe, schon leuchtet in Flammen hier auf der Rutuller Lager,
  künde ich grausamen Tod Turnus, dem edlen Barbar.
Laurens Feste, Laviniums Mauern erstehn mir vor Augen,
  Alba Longa, die Stadt, die sich Askanius baut.
Dich auch, Ilia, seh ich den Herd der Vesta verlassen,
  wie du, ob Priesterin auch, Mars dem Bezwinger gefielst,
wie er dich heimlich nahm und wie dein Haarband dir abfiel,
  wie seine Waffen der Gott brünstig am Ufer verlor.
Weidet die sieben Hügel, ihr Stiere, so lang es vergönnt ist,
  bald wird hier eine Stadt ragend und mächtig erstehn.
Rom, dein Name wird Schicksal sein und gebieten auf Erden
  weit, wie vom Himmel herab Ceres die Fluren betreut,

quaque patent ortus, et qua fluitantibus undis
    Solis anhelantes abluit amnis equos.
Troia quidem tunc se mirabitur et sibi dicet
    vos bene tam longa consuluisse via.
vera cano: sic usque sacras innoxia laurus
    vescar et aeternum sit mihi virginitas.'
haec cecinit vates et te sibi, Phoebe, vocavit.
    iactavit fusas et caput ante comas.
quidquid Amalthea, quidquid Marpesia dixit
    Herophile, Phyto Graia quod admonuit,
quasque Aniena sacras Tiburs per flumina sortes
    portarit sicco pertuleritque sinu, –
haec fore dixerunt belli mala signa cometen,
    multus ut in terras deplueretque lapis,
atque tubas atque arma ferunt strepitantia caelo
    audita et lucos praecinuisse fugam.
ipsum etiam Solem defectum lumine vidit
    iungere pallentes nubilus annus equos
et simulacra deum lacrimas fudisse tepentes
    fataque vocales praemonuisse boves. –
haec fuerant olim: sed tu iam mitis, Apollo,
    prodigia indomitis merge sub aequoribus,
et succensa sacris crepitet bene laurea flammis,
    omine quo felix et sacer annus erit.
laurus ubi bona signa dedit, gaudete coloni:
    distendet spicis horrea plena Ceres,
oblitus et musto feriet pede rusticus uvas,
    dolia dum magni deficiantque lacus,
ac madidus Baccho sua festa Palilia pastor
    concinet: a stabulis tunc procul este lupi!
ille levis stipulae sollemnis potus acervos
    accendet flammas transilietque sacras,
et fetus matrona dabit, natusque parenti
    oscula conprensis auribus eripiet,

wo der Morgen sich wölbt, und wo die Rosse der Sonne
    heiß vom Laufe des Meers wogende Welle bespült.
Troja wird dann verwundert in Stolz und Staunen gestehen,
    daß, war weit auch der Weg, alles zum Glücke gedieh'n.
Wahr ist mein Wort, so wahr mir der heilige Lorbeer nicht schade,
    wenn ich ihn kaue, so wahr Jungfrau ich ewig will sein."
So sang die Seherin; deine Gnade erbat sie, Apollo,
    schüttelte wirr ihr Haar um das geheiligte Haupt.
Was Amalthea einst, was einst Marpessa gekündigt,
    was Herophile uns, Pytho von Samos gesagt,
was die anjenische Seherin einst an heiligen Büchern
    durch den tiburtischen Fluß trocken am Busen sich barg, —
schreckliche Zeichen weissagten sie uns von Krieg und Kometen,
    wie auf Erden herab steinerner Regen sich goß,
wie vom Himmel ein Waffengeklirr und Tuben ertönten,
    Rauschen im Haine erklang mahnend zu eiliger Flucht,
selbst die Sonne ihr Scheinen verlor im Nebel ein Jahr lang,
    daß das Rossegespann fahl vor den Wagen geschirrt,
brennende Tränen den Götterbildern entflossen und Rinder
    uns mit menschlichem Laut künftige Lose gesagt, —
all das war ehmals geschehen, doch du bist uns gnädig, Apollo,
    Zeichen, die Unglück uns drohn, tauche ins brandende Meer.
Knisternd verbrenn' uns verheißend an heiliger Flamme der Lorbeer,
    daß unter glücklichem Stern Gnade uns schenke das Jahr.
Wenn uns der Lorbeer so günstige Zeichen gibt, freut euch ihr Bauern,
    Ceres wird füllen mit Korn Speicher und Scheuern zuhauf.
Saftbespritzt tritt dann der Bauer mit Füßen die goldenen Trauben,
    Kufe nicht und nicht Faß bändigt die Fülle des Mosts.
Und der Hirt, von Bacchus befeuchtet, singt Lieder im Rausche,
    feiert sein ländliches Fest: Wölfe, ach meidet den Stall!
Trunken entzündet er festlicher Garben schwankende Ähren,
    die er dem Gotte geweiht, springt über Flamme und Brand.
Kinder schenkt ihm sein Weib; es raubt das Söhnchen dem Vater
    zausend am Bart und am Ohr kindliche Küsse vom Mund.

nec taedebit avum parvo advigilare nepoti
    balbaque cum puero dicere verba senem.
tunc operata deo pubes discumbet in herba,
    arboris antiquae qua levis umbra cadit,
aut e veste sua tendent umbracula sertis
    vincta, coronatus stabit et ipse calix.
at sibi quisque dapes et festas extruet alte
    caespitibus mensas caespitibusque torum.
ingeret hic potus iuvenis maledicta puellae,
    postmodo quae votis inrita facta velit:
nam ferus ille suae plorabit sobrius idem
    et se iurabit mente fuisse mala.
pace tua pereant arcus pereantque sagittae,
    Phoebe, modo in terris erret inermis Amor.
ars bona, sed postquam sumpsit sibi tela Cupido,
    heu heu quam multis ars dedit ista malum!
et mihi praecipue: iaceo cum saucius annum
    et faveo morbo, cum iuvat ipse dolor,
usque cano Nemesim, sine qua versus mihi nullus
    verba potest iustos aut reperire pedes.
at tu – nam divum servat tutela poetas –
    praemoneo, vati parce, puella, sacro,
ut Messalinum celebrem, cum praemia belli
    ante suos currus oppida victa feret,
ipse gerens laurus: lauro devinctus agresti
    miles 'io' magna voce 'triumphe' canet.
tunc Messalla meus pia det spectacula turbae
    et plaudat curru praetereunte pater.
adnue: sic tibi sint intonsi, Phoebe, capilli,
    sic tua perpetuo sit tibi casta soror.

Gern behütet im Hause der Ahn den spielenden Enkel,
  trautes und stammelndes Wort tauscht mit dem Knaben der Greis.
Heiter dem Gotte zur Feier nun lagert die Jugend im Grase,
  das eines heiligen Baums lindiger Schatten bedeckt;
oder sie spannt aus Gewändern ein Dach mit Kränzen umflochten
  und mit Blumen geschmückt, jeder den Becher zur Hand.
Jeder baut dann zum festlichen Mahle hoch und erhaben
  sich aus Rasen den Tisch, sich auch aus Rasen den Sitz.
Trunken schleudert ein Knabe wohl Schmähungen gegen sein Mädchen,
  wünscht mit Schwüren wohl dann, daß er nichts Böses gesagt;
eben noch rasend klagt er nun nüchtern sein Leid der Geliebten,
  schwört mit flehendem Wort, daß er bei Sinnen nicht war.
Vor deinem Frieden entschwinden die Bogen, entschwinden die Pfeile,
  Phöbus, auf Erden bald irrt Amor der Waffen beraubt.
Gut mag die Waffenkunst sein, doch seit sich ihr Amor bemächtigt,
  ach, wie vielen von uns brachte sie Leiden und Qual.
Mir vor allem, ach mir: nun lieg' ich ein Jahr lang verwundet,
  bohre mich in mein Leid, fröhne dem brennenden Schmerz,
bis ich für Nemesis Lieder erfinde: wenn sie mir nicht günstig,
  glückt mir kein Werk und kein Ton, glückt mir kein würdiges Wort.
Du aber, – denn die Scharen der Götter behüten die Dichter –
  Mädchen, ich bitte dich gut, schone des Dichters Beruf:
Ich besing' Messalinus, dem einst als Preis eines Krieges
  Städte, die er besiegt, ziehen vor seinem Gespann,
selber den Lorbeer zu Häupten; im Schmucke des ländlichen Lorbeers
  jubeln die Heere ihm zu: Feire, o Feldherr, den Sieg!
Wie wird mein werter Messalla den Aufzug würdig bewundern
  und den Wagen des Sohns grüßen mit Beifall und Lob.
Gib dies Apollo, so seien dir ungeschoren die Locken,
  sei fürwahr alle Zeit auch deine Schwester dir keusch.

Castra Macer sequitur: tenero quid fiet Amori?
    sit comes et collo fortiter arma gerat?
et seu longa virum terrae via seu vaga ducent
    aequora, cum telis ad latus ire volet?
ure, puer, quaeso, tua qui ferus otia liquit,
    atque iterum erronem sub tua signa voca.
quod si militibus parces, erit hic quoque miles,
    ipse levem galea qui sibi portet aquam.
castra peto, valeatque Venus valeantque puellae:
    et mihi sunt vires, et mihi facta tuba est.
magna loquor, sed magnifice mihi magna locuto
    excutiunt clausae fortia verba fores.
iuravi quotiens rediturum ad limina numquam!
    cum bene iuravi, pes tamen ipse redit.
acer Amor, fractas utinam, tua tela, sagittas,
    si licet, extinctas adspiciamque faces!
tu miserum torques, tu me mihi dira precari
    cogis et insana mente nefanda loqui.
iam mala finissem leto, sed credula vitam
    Spes fovet et fore cras semper ait melius.
Spes alit agricolas, Spes sulcis credit aratis
    semina, quae magno faenore reddat ager:
haec laqueo volucres, haec captat arundine pisces,
    cum tenues hamos abdidit ante cibus:
Spes etiam valida solatur compede vinctum:
    crura sonant ferro, sed canit inter opus:
Spes facilem Nemesim spondet mihi, sed negat illa:
    ei mihi, ne vincas, dura puella, deam!
parce, per inmatura tuae precor ossa sororis:
    sic bene sub tenera parva quiescat humo.
illa mihi sancta est, illius dona sepulcro
    et madefacta meis serta feram lacrimis,

Die untreue Nemesis

Macer zieht in den Krieg! Was wird nun aus Amor, dem Zarten?
Soll er denn mit in den Streit, tapfer im Waffengeprang?
Will er, wenn weite Wege und wogende Meere den Helden
quälen, mit Bogen und Pfeil schreiten in seinem Geleit?
Amor, züchtige ihn, der frech deine Dienste verlassen,
rufe den Flüchtling zurück, daß er zur Fahne dir folg'.
Wenn du schon Krieger verschonst, wohlan, auch ich bin ein Krieger,
der im ledernen Helm lebendes Wasser sich trägt.
Dienen will ich und meiden die Liebe, meiden die Mädchen,
Kräfte wuchsen auch mir, mir auch die Tuba ertönt.
Großes prahl' ich; mir großem Prahler entfallen gewaltig
stolzeste Worte und Mut, wenn sie die Türe verschloß.
Wie oft schwor ich, nie mehr vor ihre Schwelle zu treten;
kaum daß ich's schwor, der Fuß kehrte von selber zurück.
Amor, du Qualgott, daß deine Geschosse, die Pfeile, zerbrächen,
daß deine Fackel erlösch', wünscht' ich; o daß mir's geschäb'!
Ach, was quälst du mich Armen und zwingst mich, mir Unheil zu wünschen,
daß ich gestört im Gemüt ruchlose Worte gebrauch'.
Längst hätt' die Not ich im Tod überwunden; doch gaukelnde Hoffnung
hält mich am Leben und trügt, morgen sei besser mein Los.
Hoffnung nährt Bauern und Hoffnung vertraut den Furchen den Samen,
daß mit reichem Gewinn Ernten der Acker uns geb';
Vögel lockt sie zur Schlinge und Fische zur schwankenden Angel,
wo im Bissen versteckt winziger Haken sie fängt.
Hoffnung tröstet den Mann, der schwer in Fesseln geschlagen:
klirrt auch das Eisen am Bein, tönt doch zur Arbeit sein Lied.
Hoffnung verspricht mir die lockere Nemesis, sie, ach, verschmäht mich;
grausames Mädchen, gib acht, daß du die Göttin nicht kränkst.
Schone mich, bitt' ich, bei deiner zu früh verblichenen Schwester,
daß der Kleinen Gebein leicht in der Erde nun ruh'.
Sie ist mir heilig und ihrem Gedenkstein weih' ich Geschenke,
Kränze bring' ich ihr dar, die meine Tränen benetzt.

illius ad tumulum fugiam supplexque sedebo
    et mea cum muto fata querar cinere.
non feret usque suum te propter flere clientem:
    illius ut verbis, sis mihi lenta veto,
ne tibi neglecti mittant mala somnia manes,
    maestaque sopitae stet soror ante torum,
qualis ab exclesa praeceps delapsa fenestra
    venit ad infernos sanguinulenta lacus.
desino, ne dominae luctus renoventur acerbi:
    non ego sum tanti, ploret ut illa semel.
nec lacrimis oculos digna est foedare loquaces:
    lena nocet nobis, ipsa puella bona est.
lena necat miserum Phryne furtimque tabellas
    occulto portans itque reditque sinu:
saepe, ego cum dominae dulces a limine duro
    adgnosco voces, haec negat esse domi,
saepe, ubi nox mihi promissa est, languere puellam
    nuntiat aut aliquas extimuisse minas.
tunc morior curis, tunc mens mihi perdita fingit,
    quisve meam teneat, quot teneatve modis:
tunc tibi, lena, precor diras: satis anxia vivas,
    moverit e votis pars quotacumque deos.

*

Liber Tertius
Lygdami elegiarum, 1

„Martis Romani festae venere kalendae –
    exoriens nostris hic fuit annus avis –
et vaga nunc certa discurrunt undique pompa
    perque vias Vrbis munera perque domos:
dicite, Pierides, quonam donetur honore
    seu mea, seu fallor, cara Neaera tamen.“

Flüchtend zu ihrem Hügel sitz' ich und flehe in Demut,
	bei ihrem stummen Gebein weine ich über mein Los.
Siehe, sie duldet es nicht, daß ihr Schützling deinethalb trauert,
	bei ihrer Worte Geheiß sei mir nicht spröde und kalt,
daß die verletzten Manen dir quälende Träume nicht schicken,
	daß nicht im Schlaf dir am Bett weinend die Schwester erschein',
wie sie vom hohen Fenster herab kopfüber einst stürzte,
	wie sie von Blut überströmt kam an der Unterwelt See.
Schweigen will ich, um nicht der Herrin Schmerz zu erneuern;
	ach, ich bin wohl nicht wert, daß sie nur einmal mir wein'!
Tränen sollen die sprechenden Augen ihr nimmer verdunkeln;
	Feind ist die Kupplerin uns, – aber mein Mädchen ist gut.
Phryne, die Kupplerin, narrt mich Verdammten und gehend und kommend
	trägt sie versteckt an der Brust heimliche Briefchen ihr zu.
Oftmals, wenn ich auf harter Schwelle der Liebsten Geflüster
	hörte, heuchelte sie, daß ihre Herrin verreist.
Oft auch, wenn eine Nacht mir versprochen war, kam sie zu melden,
	die Geliebte sei müd', oder sie fürchte Gefahr.
Da verging ich vor Pein, mir zeigten verwirrt meine Sinne,
	wen sie im Arme hielt, wie sie ihn glücklich gemacht.
Da verfluchte ich, Kupplerin, dich: Nun lebe in Ängsten,
	wenn nur ein Teil meines Schwurs Götter zum Strafen gestimmt.

*

Die Lieder des Lygdamus
An seine Geliebte Neära

Nun beginnen die Feiern des Mars, des Gottes der Römer,
	Anfang des Jahres war einst unseren Ahnen das Fest.
Schwärme geschäftiger Pracht durchschweiften die Häuser und Straßen
	allenthalben der Stadt, leichte Geschenke zu streun.
Musen, belehrt mich, mit welchen Ehren soll ich bedenken
	meine Neära, die mir unhold und ach, doch so lieb.

„carmine formosae, pretio capiuntur avarae.
    gaudeat, ut digna est, versibus illa tuis.
lutea sed niveum involvat membrana libellum,
    pumex et canas tondeat ante comas,
summaque praetexat tenuis fastigia chartae
    indicet ut nomen littera facta tuum,
atque inter geminas pingantur cornua frontes:
    sic etenim comptum mittere oportet opus."
„per vos, auctores huis mihi carminis, oro
    Castaliamque umbram Pieriosque lacus,
ite domum cultumque illi donate libellum,
    sicut erit: nullus defluat inde color.
illa mihi referet, si nostri mutua cura est
    an minor, an toto pectore deciderim.
sed primum meritam larga donate salute
    atque haec submisso dicite verba sono:
'haec tibi vir quondam, nunc frater, casta Neaera,
    mittit et accipias munera parva rogat,
teque suis iurat caram magis esse medullis,
    sive sibi coniunx sive futura soror,
sed potius coniunx: huius spem nominis illi
    auferet extincto pallida Ditis aqua.'"

Liber tertius, 2

Qui primus caram iuveni carumque puellae
    eripuit iuvenem, ferreus ille fuit.
durus et ille fuit, qui tantum ferre dolorem
    vivere et erepta coniuge qui potuit.
non ego firmus in hoc, non haec patientia nostro
    ingenio: frangit fortia corda dolor:
nec mihi vera loqui pudor est vitaeque fateri
    tot mala perpessae taedia nata meae.

Lieder bezwingen die Schönen, die Geizigen schnöde Geschenke,
  nun, es freue mein Lieb würdig sich meines Gedichts.
Goldgelbes Pergamen soll das schneeige Büchlein umhüllen,
  Bimsstein glätte zuvor weißliche Fusseln ihm ab;
alles verhelfe zu höchster Würde dem schmächtigen Heftchen,
  das mein Name nun schmückt, der ich die Lieder verfaßt.
Zwischen benachbarten Seiten auch seien Bilder gezeichnet:
  so denn gar prächtig verziert ziemt es, zu senden das Werk.
Bei den castalischen Schatten, dem lieblichen Landsee der Musen,
  bitte ich flehentlich Euch, die Ihr das Lied mir geschenkt:
Geht in ihr Haus und gebt ihr das Buch, das köstlich geschmückte,
  wie es nun ist, kein Glanz fließe es mindernd ihm ab!
Ach, dann wird sie mir sagen, ob wechselweis' unsere Liebe,
  ob sie gering nur, ob ganz ich aus dem Herzen ihr schwand.
Erst doch begrüßt die Verehrte mit prunkvollen, prächtigen Worten,
  senkt mir in Ehrfurcht den Ton, sagt ihr in Züchten den Spruch:
„Keusche Neära, dies schickt dir, der einst dein Mann, jetzt nur Bruder,
  nimm es, so bittet er dich, gnädig als kleines Geschenk.
Mit dem Mark seiner Seele beschwört er dich, sei ihm gewogen,
  ob nun als Ehegemahl, ob auch als Schwester dereinst;
lieber doch als Gemahl; die Hoffnung, daß dies sich erfülle
  würde ihn, der schon vergeht, retten vom bleichenden Tod."

Klagelied des Lygdamus

Wer als Erster ein Mädchen dem Jüngling, und wer gar den Jüngling
  einer Geliebten entriß, eisern wie Erz war der Mann.
Herzlos war jener wohl auch, der solchen Schmerz zu ertragen
  und der Geliebten beraubt weiter zu leben vermocht.
Ich bin zu schwach für solches Geschick, zum Dulden nicht fähig,
  härtere Herzen als meins bricht der gewaltige Schmerz.
Daß dieses wahr, des schäm' ich mich nicht; und den Ekel zum Leben,
  das mir so Vieles vergällt, ist zu bekennen mir Qual.

ergo cum tenuem fuero mutatus in umbram
    candidaque ossa super nigra favilla teget,
ante meum veniat longos incompta capillos
    et fleat ante meum maesta Neaera rogum.
sed veniat carae matris comitata dolore:
    maereat haec genero, maereat illa viro.
praefatae ante meos manes animamque precatae
    perfusaeque pias ante liquore manus,
pars quae sola mei superabit corporis, ossa
    incinctae nigra candida veste legent,
et primum annoso spargent collecta Lyaeo,
    mox etiam niveo fundere lacte parent,
post haec carbaseis umorem tollere velis
    atque in marmorea ponere sicca domo.
illic quas mittit dives Panchaia merces
    Eoique Arabes, dives et Assyria,
et nostri memores lacrimae fundantur eodem:
    sic ego conponi versus in ossa velim.
sed tristem mortis demonstret littera causam
    atque haec in celebri carmina fronte notet:
Lygdamus hic situs est: dolor huic et cura Neaerae,
    coniugis ereptae, causa perire fuit.

Liber tertius, 3

Quid prodest caelum votis inplesse, Neaera,
    blandaque cum multa tura dedisse prece?
non, ut marmorei prodirem e limine tecti
    insignis clara conspicuusque domo,
aut ut multa mei renovarent iugera tauri
    et magnas messes terra benigna daret,
sed tecum ut longae sociarem gaudia vitae
    inque tuo caderet nostra senecta sinu,

Bin ich dereinst verwandelt in einen flüchtigen Schatten,
   deckt mein bleiches Gebein Asche, die staubig und schwarz,
tritt an mein Grab heran, die langen Haare verwildert,
   weinend, Neära, ach, klagend vor meinem Gebein;
tritt auch in ihrer Begleitung die liebe Mutter in Schmerzen:
   diese den Eidam beweint, jene betrauert den Mann.
Meine Manen erst rufen sie an und flehn für die Seele
   und das Wasser des Quells feuchtet die dienende Hand;
was allein mir vom Körper noch übergeblieben, die bleichen
   Knochen sammeln sie ein schwarz in Gewänder gehüllt,
sprengen zuerst dem greisen Bacchus, dem Löser, die Spende,
   gießen geschäftig auch gleich weißliche Milch für den Gott,
bergen alsdann das feuchte Gebein in leinene Tücher,
   stellen den Urnenkrug trocken ins marmorne Haus.
Hier sei verschwendet, was uns an Schätzen das reiche Panchaia,
   was uns Arabien beut, was der Assyrer beschert;
hier auch fließen zu meinem Gedächtnis reichlich die Tränen:
   wäre doch meinem Gebein solche Bestattung vergönnt!
Es erläutre ein Vers den traurigen Grund meines Scheidens,
   und auf der Stirne des Steins stehe der folgende Spruch:
„Lygdamus ruht hier im Grab. Die Sorge, der Schmerz um Neära,
   sein ihm entrissenes Weib, waren der Grund, daß er starb."

An Neära

Sage, Neära, was nützt es, den Himmel mit Wünschen zu stürmen
   und mit heißem Gebet schmeichelnden Weihrauch zu streun?
Nicht geht mein Wunsch, zu wandeln aus marmorgeschmücktem Palaste
   oder aus prächtigem Haus, weithin berühmt und geehrt,
nicht, daß die Stiere für mich unendliche Äcker bepflügen,
   daß mir das fruchtende Land Reichtum der Ernte beschert,
nein, mit dir nur die Lust eines langen Lebens genießen,
   ruhen in deinem Schoß möcht' ich im Alter auch noch,

tum cum permenso defunctus tempore lucis
    nudus Lethaea cogerer ire rate.
nam grave quid prodest pondus mihi divitis auri,
    arvaque si findant pinguia mille boves?
quidve domus prodest Phrygiis innixa columnis,
    Taenare sive tuis, sive Caryste tuis,
et nemora in domibus sacros imitantia lucos
    aurataeque trabes marmoreumque solum?
quidve in Erythraeo legitur quae litore concha
    tinctaque Sidonio murice lana iuvat,
et quae praeterea populus miratur? in illis
    invidia est: falso plurima volgus amat.
non opibus mentes hominum curaeque levantur:
    nam Fortuna sua tempora lege regit.
sit mihi paupertas tecum iucunda, Neaera:
    at sine te regum munera nulla volo.
o niveam, quae te poterit mihi reddere, lucem!
    o mihi felicem terque quaterque diem!
at si, pro dulci reditu quaecumque voventur,
    audiat aversa non meus aure deus,
nec me regna iuvant nec Lydius aurifer amnis
    nec quas terrarum sustinet orbis opes.
haec alii cupiant; liceat mihi paupere cultu
    securo cara coniuge posse frui.
adsis et timidis faveas, Saturnia, votis,
    et faveas concha, Cypria, vecta tua.
aut si fata negant reditum tristesque sorores,
    stamina quae ducunt quaeque futura neunt,
me vocet in vastos amnes nigramque paludem
    dives in ignava luridus Orcus aqua.

bis ich die Zeit meines Lichtes durchmessen, bezwungen dahingeh',
    meines Leibes beraubt, schreite zum Nachen der Nacht.
Denn was nützt mir die drückende Last des goldenen Reichtums,
    tausend Rinder, die mir furchen die fetteste Flur,
was ein erhabenes Haus gestützt von phrygischen Säulen
    aus tänarischem Stein oder carystischem Stein,
oder ein Park im Palast wie geheiligte Haine der Götter,
    goldenes Deckengebälk, Fliesen aus Marmor gefügt,
was auch Perlen aus Muscheln des indischen Meeres und Sidons
    Purpurschnecke, die uns rötet die Wolle des Lamms,
und was sonst noch die Menge bewundert? – An allen den Dingen
    klebt nur Mißgunst und Neid; Tand nur befriedigt das Volk.
Nimmer erleichtern Schätze die Sinne und Sorgen der Menschen,
    denn nach eignem Gesetz waltet und herrscht das Geschick.
Armut an deiner Seite ist Glück, ist Glück mir, Neära;
    Gaben der Könige selbst würde ich, fern dir, verschmäh'n.
O des schimmernden Lichts, das dich mir wieder gewönne,
    o des glückseligen Tags, dreimal und viermal ersehnt!
Wenn aber alle die Schwüre um deine beglückende Rückkehr
    mit verwehrendem Ohr Gott mein Gebieter nicht hört,
sind alle Reiche mir feil und Lybiens flutender Goldstrom,
    alle die Gaben der Welt, die uns das Erdenrund beut.
Mögen dies andre erstreben, ich will bescheidnen Gebarens
    nur das gesicherte Glück kosten des liebsten Gemahls.
Juno, stehe mir bei, erhör mein zages Gelübde,
    Venus, stehe mir bei, Göttin im Muschelgespann!
Doch, wenn das Glück die Rückkehr versagt und die dunkelen Schwestern,
    die unsre Fäden ziehn, die uns die Zukunft gewähr'n,
mag mich der fahle Tod zu seinen Gewässern befehlen,
    werfen in seinen Sumpf, stoßen zum strudelnden Strom.

Di meliora ferant, nec sint mihi somnia vera,
    quae tulit hesterna pessima nocte quies.
ite procul, vani, falsumque avertite visum:
    desinite in nobis quaerere velle fidem.
divi vera monent, venturae nuntia sortis
    vera monent Tuscis exta probata viris;
somnia fallaci ludunt temeraria nocte
    et pavidas mentes falsa timere iubent;
et natum in curas hominum genus omina noctis
    farre pio placant et saliente sale.
et tamen, utcumque est, sive illi vera moneri,
    mendaci somno credere sive volent,
efficiat vanos noctis Lucina timores
    et frustra inmeritum pertimuisse velit.
si mea nec turpi mens est obnoxia facto
    nec laesit magnos inpia lingua deos.
iam Nox aetherium nigris emensa quadrigis
    mundum caeruleo laverat amne rotas,
nec me sopierat menti deus utilis aegrae:
    Somnus sollicitas deficit ante domos.
tandem, cum summo Phoebus prospexit ab ortu,
    pressit languentis lumina sera quies.
hic iuvenis casta redimitus tempora lauro
    est visus nostra ponere sede pedem.
non illo quicquam formosius ulla priorum
    aetas humanum nec videt illud opus.
intonsi crines longa cervice fluebant,
    stillabat Syrio myrtea rore coma.
candor erat, qualem praefert Latonia Luna,
    et color in niveo corpore purpureus,
ut iuveni primum virgo deducta marito
    inficitur teneras ore rubente genas,

Traum des Lygdamus

Möchten die Götter doch Edleres spenden – daß Wahrheit nicht würden
Träume vergangener Nacht, die mir die Ruhe vergällt.
Wahnbilder, hebt euch hinweg und wendet die falschen Gesichte,
daß nicht der Irrtum des Wahns törend Vertrauen erschleich'.
Wahrheit verkünden die Götter; als Bote des künftigen Loses
kündet den Römern das Tier, was es im Opfer erweist.
Träume aber verworren zur Nacht, sie täuschen die Männer,
daß das geängstete Herz Falsches zu fürchten beginnt.
Sollen die Zeichen der Nächte die sorgengeborenen Menschen
söhnen wie heiliger Spelt oder wie springendes Salz?
Sei's, wie's auch sei, ob sie ihnen die lautere Wahrheit verkünden,
ob sie nur trügendem Traum Glauben zu schaffen gewillt –
wenn nur Lucina die Bilder der Furcht in den Nächten mir lindert,
wenn nur ihr Leuchten erreicht, daß meine Ängste umsonst,
wenn sie mein Herz nicht verführen zu schändlichen, gräßlichen Taten,
unfromm die Zunge mir nicht frevelnd die Götter verletzt.
Schon war die Nacht mit dem schwarzen Gespann das Weltall durchfahren,
hatte im fahlen Fluß wieder gewaschen ihr Rad,
als noch die kranken Gedanken der gnädige Gott nicht besänftigt,
als vor dem Hause der Schlaf, ruhlos mich fliehend, noch stand.
Endlich, als Phöbus im fernsten Osten zum Licht schon emporsah,
drückte verspäteter Schlaf müde die Augen mir zu.
Da erschien mir ein Jüngling, die Stirn mit heiligem Lorbeer
lieblich umkränzt, und schritt langsam dem Lager mir zu.
Nie noch sahen vergangener Zeit die Geschlechter der Menschen
schöner solche Gestalt, edler ein solches Gebild.
Ungeschoren floß ihm das Haar herab auf den Nacken,
duftend vom syrischen Naß troff ihm das Myrthengewind.
Glanz war um ihn, wie Luna verleiht, Diana ihn lieb hat,
purpurner Schimmer umgab seinen so schneeigen Leib;
wie eine Jungfrau, die hingeleitet zum künftigen Gatten,
waren die Wangen ihm zart, brannten die Lippen ihm rot,

et cum contexunt amarantis alba puellae
    lilia et autumno candida mala rubent.
ima videbatur talis inludere palla:
    namque haec in nitido corpore vestis erat.
artis opus rarae, fulgens testudine et auro
    pendebat laeva garrula parte lyra.
hanc primum veniens plectro modulatus eburno
    felices cantus ore sonante dedit.
sed postquam fuerant digiti cum voce locuti,
    edidit haec tristi dulcia verba modo:
'salve, cura deum: casto nam rite poetae
    Phoebusque et Bacchus Pieridesque favent:
sed proles Semelae Bacchus doctaeque sorores
    dicere non norunt, quid ferat hora sequens:
at mihi fatorum leges aevique futuri
    eventura pater posse videre dedit.
quare ego quae dico non fallax accipe vates,
    quodque deus vero Cynthius ore feram.
tantum cara tibi, quantum nec filia matri,
    quantum nec cupido bella puella viro,
pro qua sollicitas caelestia numina votis,
    quae tibi securos non sinit ire dies,
et cum te fusco Somnus velavit amictu,
    vanum nocturnis fallit imaginibus,
carminibus celebrata tuis formosa Neaera
    alterius mavolt esse puella viri,
diversasque suas agitat mens inpia curas,
    nec gaudet casta nupta Neaera domo.
a crudele genus nec fidum femina nomen!
    a pereat, didicit fallere si qua virum!
sed flecti poterit – mens est mutabilis illis –
    tu modo cum multa bracchia tende fide.
saevus Amor docuit validos temptare labores,
    saevus Amor docuit verbera posse pati.

wie im Lenze die Mädchen die weißen Lilien flechten,
  wie zur Reife im Herbst prangende Äpfel erglühn.
Bis zu den Füßen hinab umspielte ihn lieblich der Mantel,
  der wie ein Festgewand hüllte den strahlenden Leib.
Links von der Schulter herab hing ihm die tönende Leier,
  Werkstück erlesenster Kunst, schimmernd in Schildpatt und Gold.
Wie er erschien, da schlug er sie an mit dem Elfenbeinstäbchen,
  sang ein beglückendes Lied, sang es in schwingendem Ton.
Als ihm aus Finger und Stimme die liebliche Weise verklungen,
  hob er zur Rede den Mund, sprach, was so bitter mich traf:
„Sei mir, Geliebter der Götter, gegrüßt; dem Dichter, der fromm ist,
  huldigen Bacchus, Apoll, huldigt der Musen Geschlecht.
Doch was die kommenden Stunden uns bringen, das weiß nicht zu sagen
  Bacchus, der Semele Sohn, wissen die Schwestern auch nicht.
Mir aber gab der Vater der Götter die Kunde zu schauen,
  was in den Zeiten geschieht, was uns die Zukunft beschert.
Nimm, was ich sage, drum nicht als das Wort eines trügenden Sehers,
  da mir als cynthischem Gott Wahrheit zu sagen geziemt.
Die dir so lieb ist wie kaum der hütenden Mutter die Tochter,
  wie dem begehrlichen Mann kaum je die herrlichste Maid,
der im Gebet du die Gnade der himmlischen Götter herabschwörst,
  die deinem Schaffen des Tags sichere Ruhe dir raubt,
die im Geheimnis des Schlafs dich hüllt in das Dunkel des Mantels
  und dir mit trügendem Wahn stört die Gesichte der Nacht,
die du mit deinen Liedern gefeiert, die schöne Neära,
  wünscht eines anderen Manns Mädchen, Geliebte zu sein.
Unfromm geht ihr der Sinn und trachtet nach fremden Gelüsten,
  sie verachtet das Haus, dem sie so keusch einst vermählt.
Oh, wie grausam ist, Weib, dein Geschlecht, wie falsch ist dein Name;
  möge verderben, die je wußte, zu täuschen den Mann.
Doch sie läßt sich erweichen, — der Sinn ist ihnen ja unstet —
  strecke mit festem Vertrau'n zärtlich die Arme nur aus.
Amor in Glut hat gelehrt, die schwersten Mühen zu tragen,
  Amor in Glut hat gelehrt, Schläge zu dulden, die hart.

me quondam Admeti niveas pavisse iuvencas
      non est in vanum fabula ficta iocum:
tunc ego nec cithara poteram gaudere sonora
      nec similes chordis reddere voce sonos,
sed perlucenti cantum meditabar avena
      ille ego Latonae filius atque Iovis.
nescis, quid sit amor, iuvenis, si ferre recusas
      inmitem dominam coniugiumque ferum.
ergo ne dubita blandas adhibere querelas:
      vincuntur molli pectora dura prece.
quod si vera canunt sacris oracula templis,
      haec illi nostro nomine dicta refer:
hoc tibi coniugium promittit Delius ipse,
      felix hoc alium desine velle virum.'
dixit, et ignavus defluxit corpore somnus.
      a ego ne possim tanta videre mala!
nec tibi crediderim votis contraria vota
      nec tantum crimen pectore inesse tuo:
nam te nec vasti genuerunt aequora ponti
      nec flammam volvens ore Chimaera fero
nec canis anguinea redimitus terga caterva,
      cui tres sunt linguae tergeminumque caput,
Scyllaque virgineam canibus succincta figuram,
      nec te conceptam saeva leaena tulit,
barbara nec Scythiae tellus horrendave Syrtis,
      sed culta et duris non habitanda domus
et longe ante alias omnes mitissima mater
      isque pater quo non alter amabilior.
haec deus in melius crudelia somnia vertat
      et iubeat tepidos inrita ferre notos.

Daß ich dereinst des Admetus schimmernde Rinder gehütet,
  ist keine Sage nur, die man ersonnen im Scherz!
Damals konnt' ich mich nicht am Klange der Leier erfreuen,
  nicht in der Zither Schlag mischen die Süße des Sangs;
nur auf dem Rohr, das vom Lichte durchschimmert, ersann ich mir Lieder,
  ich, der Latona Sohn, Juppiters eigener Sproß.
Wahre Liebe erkennst du nicht, Knabe, wenn schnöd du zurückstößt
  eine Gemahlin, die herb, Joch einer Ehe, das hart.
Lasse nicht ab, mit schmeichelnden Liedern dein Lieb zu beschwören,
  denn ein zärtliches Wort bricht auch die härteste Brust.
Wenn die Orakel im heiligen Tempel je Wahres versprochen,
  sag ihr aus meinem Mund diesen verheißenden Spruch:
„Dir verspricht der Delische Gott den Bund dieser Ehe,
  freue dich über dein Glück, spähe nach andern nicht aus."
Also sprach er; mir floß der lastende Schlaf von den Gliedern;
  wehe mir, daß mir bestimmt Leiden so bitterer Art!
Nimmer hätt' ich geglaubt, daß dein Wunsch dem Wunsche entgegen,
  daß dir in deiner Brust wohnt ein so frevelnder Trotz.
Dich erzeugten doch nicht die Fluten des wogenden Meeres,
  nicht Chimära, die Glut spritzt aus dem grimmigen Mund,
nicht der Unterwelt Hund, dem Schlangen den Rücken umwinden,
  dem drei Häupter vom Leib wachsen, drei Zungen im Maul,
Scylla nicht, die die Jungfergestalt mit Hunden umgürtet,
  auch nicht der Löwin Schoß, die dich, die Rasende, trug,
nicht die entsetzliche scythische Erde, die schreckliche Syrte,
  sondern ein wirtliches Haus, niemals von Wilden bewohnt,
und eine Mutter, die gütiger ist als alle die andern,
  und ein Vater, wie sonst keiner des Liebens so wert.
Kehre ein gütiger Gott meine gräßlichen Träume zum Besten,
  wirke ein lindiger Wind, daß sie verflattern zu Nichts!

Vos tenet, Etruscis manat quae fontibus unda,
    unda sub aestivum non adeunda Canem,
nunc autem sacris Baiarum proxima lymphis,
    cum se purpureo vere remittit humus.
at mihi Persephone nigram denuntiat horam:
    inmerito iuveni parce nocere, dea.
non ego temptavi nulli temeranda virorum
    audax laudandae sacra docere deae,
nec mea mortiferis infecit pocula sucis
    dextera nec cuiquam trita venena dedit,
nec nos sacrilegi templis amovimus aegros,
    nec cor sollicitant facta nefanda meum,
nec nos insanae meditantes iurgia mentis
    inpia in adversos solvimus ora deos:
et nondum cani nigros laesere capillos,
    nec venit tardo curva senecta pede.
natalem primo nostrum videre parentes,
    cum cecidit fato consul uterque pari.
quid fraudare iuvat vitem crescentibus uvis
    et modo nata mala vellere poma manu?
parcite, pallentes undas quicumque tenetis
    duraque sortiti tertia regna dei.
Elysios olim liceat cognoscere campos
    Lethaeamque ratem Cimmeriosque lacus,
cum mea rugosa pallebunt ora senecta
    et referam pueris tempora prisca senex.
atque utinam vano nequiquam terrear aestu!
    languent ter quinos sed mea membra dies.
at vobis Tuscae celebrantur numina lymphae
    et facilis lenta pellitur unda manu.
vivite felices, memores et vivite nostri,
    sive erimus seu nos fata fuisse velint.

Krankheit des Lygdamus

Freunde, ihr weilt jetzt in Tusciens Bad bei den sprudelnden Quellen,
　　die in den Tagen des Hunds keiner zu brauchen vermag,
die doch den heilenden Bädern von Bajä würdig und gleich sind,
　　wenn sich im leuchtenden Lenz prächtig die Erde erneut.
Mir aber sagte Proserpina an die dunkelste Stunde:
　　Göttin, schone mich noch, schuldlos und jung wie ich bin!
Niemals vermaß ich mich kühn, die heiligen Lehren der Göttin,
　　keinem der Menschen bestimmt, lobend im Lied zu entweihn;
niemals versah meine Hand mit mordenden Säften die Becher,
　　keinem gab ich noch je Gift, das im Mörser ich rieb;
nie noch legte ich Feuer an, um Tempel zu schänden,
　　nie noch ob frevelnder Tat klopfte mir ängstlich das Herz;
nie noch sann ich verwegenen Sinns auf Streit mit den Göttern,
　　meinend, sie seien mir feind; nie im Gebet ich sie schalt.
So denn schändet mein schwarzes Gelock noch kein silberner Faden,
　　naht nicht mit zögerndem Fuß Alter und Drangsal dem Leib.
Meinen ersten Geburtstag erlebten dereinst meine Eltern,
　　als dem gleichen Geschick jeder der Konsuln erlag.
Frommt es denn wahrlich, die wachsenden Trauben der Rebe zu rauben
　　und vor der Reife die Frucht pflücken mit frevelnder Hand?
Schont mich, Götter, die ihr die bleichen Wellen des Orkus
　　euch im Lose erwarbt, wahrlich ein arges Bereich!
Ich aber möchte dereinst zum elysischen Haine gelangen,
　　gleiten im Lethekahn auf dem cimmerischen See;
wenn mir das runzliche Alter die Lippen bleicht, möcht' ich den Knaben
　　preisen als würdiger Greis Tage vergangener Zeit.
Daß mich doch niemals plage des Fiebers lästige Hitze!
　　Seit zwei Wochen nun schon sind mir die Glieder geschwächt.
Ihr aber weilt bei den guten Geistern der tuskischen Quelle,
　　teilt mit beseligter Hand Welle auf Welle im Bad.
Freut euch des Glücks, doch denkt bei dem Glücke, gedenket auch meiner,
　　ob ich am Leben noch sei, ob sich erfüllt mein Geschick;

interea nigras pecudes promittite Diti
et nivei lactis pocula mixta mero.

Liber tertius, 6

Candide Liber, ades — sic sit tibi mystica vitis
    semper, sic hedera tempora vincta feras —
aufer et ipse meum patera medicante dolorem:
    saepe tuo cecidit munere victus amor.
care puer, madeant generoso pocula baccho,
    et nobis prona funde Falerna manu.
ite procul, durum curae genus, ite labores:
    fulserit hic niveis Delius alitibus.
vos modo proposito dulces faveatis amici,
    neve neget quisquam me duce se comitem:
aut si quis vini certamen mite recusat,
    fallat eum tecto cara puella dolo.
ille facit mites animos deus, ille ferocem
    contudit et dominae misit in arbitrium,
Armenias tigres et fulvas ille leaenas
    vicit et indomitis mollia corda dedit.
haec Amor et maiora valet. sed poscite Bacchi
    munera: quem vestrum pocula sicca iuvant?
convenit ex aequo nec torvus Liber in illis,
    qui se quique una vina iocosa colunt:
convenit iratus nimium nimiumque severos:
    qui timet irati numina magna, bibat.
quales his poenas qualis quantusque minetur,
    Cadmeae matris praeda cruenta docet.
sed procul a nobis hic sit timor, illaque, si qua est,
    quid valeat laesi sentiat ira dei.
quid precor a, demens? venti temeraria vota,
    aeriae et nubes diripienda ferant.

und vergeßt es nicht, dunkle Lämmer dem Dis zu versprechen
und mit schneeiger Milch Weine gemischt im Pokal.

Flucht in den Weinrausch

Strahlender Bacchus erscheine – so stets den rebengeschnitzten
  Wunderstab in der Hand, Efeu gelegt um die Stirn –
löse mir meinen Schmerz in des Opfers heilender Schale,
  oft schon ward Liebe besiegt durch die Gewalten des Weins.
Dienender Knabe, komm, fülle den Becher dem göttlichen Bacchus,
  schenk uns mit kundiger Hand Wein vom Falerner-Gewächs.
Weichet von hinnen ihr lastenden Sorgen und weichet ihr Mühen,
  strahlend im Schwanengespann nahe der Delische Gott.
Ihr aber, Freunde so traut, stürzt euch in das Fest, das ich richte,
  keiner stehe beiseit', keiner verweigre den Trunk.
Wer sich dem milden Wettstreit des Weins zu entziehen gewillt ist,
  mit verstecktem Betrug täusche sein Liebchen ihn schnöd'.
Amor schafft Seelen mit weichem Gemüt, Verwegne zerbricht er,
  daß sie der Herrin Geheiß beugen den trotzigen Sinn.
Tiger Armeniens bändigt der Gott und goldgelbe Löwen,
  Tieren, die nie noch bezähmt, senkt er die Liebe ins Herz.
Dieses und mehr noch kann Amor. Doch ihr begehrt nun des Bacchus
  reiche Geschenke, denn wen freute ein Becher, der leer?
Sittenrichter ist Bacchus dem nicht, der sich beiden verschworen,
  sei er in Liebe entbrannt, sei er Verehrer des Weins.
Zornig aber wird er dem Strengen, dem allzu Gestrengen;
  wer des Erzürnten Gewalt fürchtet, der fröne dem Wein!
Welche entsetzliche, gräßliche Pein dem Verräter bereitsteht,
  zeigt uns, wie Pentheus starb, den die Entmenschten zerfleischt.
Ferne von uns sei die Furcht vor dem, – doch das Mädchen, das untreu,
  fühle des Gottes Zorn, spüre wie schwer er gekränkt.
Ach, was wünsch' ich Verfluchter? Oh, daß doch die Winde, die Wolken
  was ich im Zorne gewünscht, meine Gebete, verwehn!

quamvis nulla mei superest tibi cura, Neaera,
    sis felix, et sint candida fata tua.
at nos securae reddamus tempora mensae:
    venit post multos una serena dies.
ei mihi, difficile est imitari gaudia falsa,
    difficile est tristi fingere mente iocum,
nec bene mendaci risus conponitur ore,
    nec bene sollicitis ebria verba sonant.
quid queror infelix? turpes discedite curae:
    odit Lenaeus tristia verba pater.
Gnosia, Theseae quondam periuria linguae
    flevisti ignoto sola relicta mari:
sic cecinit pro te doctus, Minoi, Catullus
    ingrati referens inpia facta viri.
vos ego nunc moneo: felix, quicumque dolore
    alterius disces posse cavere tuo.
nec vos aut capiant pendentia bracchia collo
    aut fallat blanda sordida lingua fide.
etsi perque suos fallax iuravit ocellos
    Iunonemque suam perque suam Venerem,
nulla fides inerit: periuria ridet amantum
    Iuppiter et ventos inrita ferre iubet.
ergo quid totiens fallacis verba puellae
    conqueror? ite a me, seria verba, precor.
quam vellem tecum longas requiescere noctes
    et tecum longos pervigilare dies,
perfida nec merito nobis inimica merenti,
    perfida, sed, quamvis perfida, cara tamen!
Naida Bacchus amat: cessas, o lente minister?
    temperet annosum Marcia lympha merum.
non ego, si fugit nostrae convivia mensae
    ignotum cupiens vana puella torum,
sollicitus repetam tota suspiria nocte:
    tu puer, i, liquidum fortius adde merum.

Ist's mir auch nicht mehr vergönnt, für dich, Neära, zu sorgen,
　　lebe in Glück und in Ruh, sei dir gesegnet dein Los.
Mir aber gönne das Schicksal gesegnete sichere Tische,
　　schenke nach Tagen der Qual endlich ein heiteres Fest.
Ach, wie schwer ist es, Freude zu heucheln, die hohl und verlogen,
　　schwer für ein Herz, das wund, heiter zu frönen dem Scherz.
Unhold strömt aus vergrämtem Munde ein fröhliches Lachen,
　　dem Bekümmerten klingt unhold ein trunkenes Wort.
Doch was beklag' ich mein Unglück? Bleibt fern mir, drückende Sorgen;
　　Bacchus, der Vater des Weins, haßt ein verzweifelndes Herz.
Theseus' trügende Schwüre beweintest du einst, Ariadne,
　　als du am fremden Gestad einsam verlassen dich sahst;
so besang dich Catull, der Kundigste edelster Lieder,
　.　der uns des danklosen Manns gräßliche Taten erzählt.
Euch aber künde ich, glücklich ist jeder, der aus den Schmerzen
　　eines anderen lernt, wie er sich selber bewahr';
daß sich euch um den Hals verlangende Arme nicht schlingen,
　　daß nicht ein trügendes Wort schmeichelnder Liebe euch täusch'!
Ob sie nun trügerisch schwört bei den eigenen strahlenden Äuglein,
　　ob sie bei Juno schwört oder bei Venus den Eid:
Treue ist nimmer dabei. Der Liebenden Schwüre belächelt
　　Jupiter, daß nun der Wind unerfüllt alle verweht.
Wenn's nun so ist, was beklag' ich so viel die Worte des Mädchens,
　　das mich nur täuscht? Flieh mich, flieh mich der ernsteste Schwur.
Oh, wie möcht' ich die langen Nächte zur Seite dir ruhen,
　　möchte die Tage so lang wachend zur Seite dir sein,
Falsche, die du mir unverdient zur Feindin geworden,
　　Falsche, und wenn du auch falsch, die du mir immer noch lieb!
Bacchus liebt die Najade, — was zögerst du, säumiger Knabe,
　　feurigen alten Wein mildre das Wasser vom Quell.
Wenn das verblendete Mädchen an unserem Tisch das Gelage
　　flieht und ein fremdes Bett sich zum Genusse begehrt,
will ich die Nächte nicht mehr erregt mit Seufzen verstöhnen;
　　Knabe, eile und bring stärkere Weine zum Trunk.

iam dudum Syrio madefactus tempora nardo
debueram sertis inplicuisse comas.

*

Liber quartus, 1

Te, Messalla, canam, quamquam me cognita virtus
terret: ut infirmae nequeant subsistere vires,
incipiam tamen. at meritas si carmina laudes
deficiant, humilis tantis sim conditor actis,
nec tua praeter te chartis intexere quisquam
facta queat, dictis ut non maiora supersint.
est nobis voluisse satis, nec munera parva
respueris. etiam Phoebo gratissima dona
Cres tulit, et cunctis Baccho iucundior hospes
Icarus, ut puro testantur sidera caelo
Erigoneque Canisque, neget ne longior aetas.
quin etiam Alcides, deus adscensurus Olympum,
laeta Molorcheis posuit vestigia tectis,
parvaque caelestis placavit mica, nec illis
semper inaurato taurus cadit hostia cornu.
hic quoque sit gratus parvos labor, ut tibi possim
inde alios aliosque memor conponere versus.
  alter dicat opus magni mirabile mundi,
qualis in inmenso desederit aere tellus,
qualis et in curvom pontus confluxerit orbem,
et vagus, e terris qua surgere nititur, aer,
huic et contextus passim fluat igneus aether,
pendentique super claudantur ut omnia caelo:
at, quodcumque meae poterunt audere Camenae,
seu tibi par poterunt seu, quod spes abnuit, ultra
sive minus – certeque canent minus –, omne vovemus

Längst schon müßten die Schläfen mir träufeln von syrischer Narde,
längst schon müßte ein Kranz Stirne mir schmücken und Haar.

*

Unbekannter Dichter. An Messalla

Dich, Messalla, besinge mein Lied, auch wenn mir die Angst kommt,
ob mir, dich würdig zu rühmen, vergönnt, da schwach meine Kräfte.
Dennoch beginn' ich und wenn dem Gedichte Verdienste ermangeln,
will ich bescheiden nur, was du vollbracht, geziemend verkünden.
Ist dir doch mehr als andern verliehen, in Liedern zu schildern,
was du getan, daß unter dem Wort das Werk nicht verschwinde.
Schon mein Wollen genüge, verschmäh nicht die magere Gabe!
Auch der Kreter verehrte willkommne Geschenke Apollos,
Bacchus war lieber als allen den Anderen Ikarus Gastfreund,
wie der Erigone Bild und das Bild des Hundes am Himmel
strahlend bezeugen, daß allen es kund sei für ewige Zeiten.
Herkules selbst, dem später als Gott im Olymp eine Wohnstatt,
setzte recht gern den Fuß in die Hütten der gastlichen Winzer.
Oft schon versöhnte die nichtigste Gabe die Götter, sie wissen;
selten nur fällt als Opfer ein Rind mit vergoldeten Hörnern.
Hier auch sei so die kleine Mühe willkommen, daß künftig
immer und immer in Liedern ich dichte zu deinem Gedenken.
    Singe ein andrer die Wundergestalt des gewaltigen Weltalls,
wie im unendlichen Raume der Lüfte die Erde sich festigt,
wie in geschwungenem Bogen die Fluten sie ringsum bespülen,
wie die flüchtige Luft vom Boden schimmernd emporsteigt
und als feuriger Äther die Erde weithin umlodert,
wie über allem die glänzenden Himmel zu einem sich schließen:
was mir auch immer die gütigen Musen zu wagen vergönnen,
ob es würdig zu dir, ob höher gar, – kaum kann's gelingen –,
ob es – gewiß wird's geringer – ach, alles will ich beschwören,

hoc tibi, nec tanto careat mihi carmine charta.
nam quamquam antiquae gentis superant tibi laudes,
non tua maiorum contenta est gloria fama,
nec quaeris, quid quaque index sub imagine dicat,
sed generis priscos contendis vincere honores,
quam tibi maiores maius decus ipse futuris:
at tua non titulus capiet sub nomine facta,
aeterno sed erunt tibi magna volumina versu,
convenietque tuas cupidi conponere laudes
undique quique canent vincto pede quique soluto.
quis potius, certamen erit: sim victor in illis,
ut nostrum tantis inscribam nomen in actis.

    nam quis te maiora gerit castrisve forove?
nec tamen hic aut hic tibi laus maiorve minorve,
iusta pari premitur veluti cum pondere libra,
prona nec hac plus parte sedet nec surgit ab illa,
qualis, inaequatum si quando onus urget utrimque,
instabilis natat alterno depressior orbe.

    nam seu diversi fremat inconstantia volgi,
non alius sedare queat; seu iudicis ira
sit placanda, tuis poterit mitescere verbis.
non Pylos aut Ithace tantos genuisse feruntur
Nestora vel parvae magnum decus urbis Ulixem,
vixerit ille senex quamvis, dum terna per orbem
saecula fertilibus Titan decurreret horis,
ille per ignotas audax erraverit urbes,
qua maris extremis tellus includitur undis.
nam Ciconumque manus adversis reppulit armis,
nec valuit lotos coeptos avertere cursus,
cessit et Aetnaeae Neptunius incola rupis
victa Maroneo foedatus lumina baccho,
vexit et Aeolios placidum per Nerea ventos,
incultos adiit Laestrygonas Antiphatenque,
nobilis Artacie gelida quos inrigat unda,

daß meinem Liede für dich nichts ermangle zum hohen Gedichte.
Stehn dir auch reich schon die Ehren des alten Geschlechtes zur Seite,
willst du doch nicht nur zehren am hohen Ruhme der Ahnen,
willst nicht, daß einst unterm Bilde dein einfacher Name nur stehe.
Eigene Tat soll die Ehren des alten Geschlechts überstrahlen,
was dir die Eltern vererbt, willst größer den Kindern du schenken.
Doch deine Taten berichte nicht schlicht nur die Tafel des Namens,
Verse von ewigem Klange erfüllen gewaltige Bücher.
Wer deinen Ruhm zu besingen gewillt, er fühle Verpflichtung,
ob in gelösten Worten er's tut, ob gebunden die Rede.
Wettstreit wird sein, wem's besser gelingt, ob, wäre ich Sieger,
daß mein Name dem Glanz deiner Taten sich ewig verbände.

    Wem gelangen der Taten denn mehr im Amt und im Felde?
Hier nicht und da nicht ist größer dein Ruhm und ist nicht geringer,
wie bei gleichem Gewicht auf beiden Schalen der Waage
keine darnieder sich senkt und keine sich höher emporschwingt;
doch wenn ein ungleich Gewicht die eine der Seiten belastet,
schwankt sie und senkt sich verschieden beschwert zur Erde hernieder.

    Wenn sich ereifernde Kreise des Volkes bestreiten, bekämpfen,
du allein sänftigest sie; das jache Zürnen des Richters
weißt du zur Milde zu stimmen, mit gütigem Wort zu versöhnen.
Helden nicht größer als dich zeugte Ithaka, zeugte auch Pylos;
Nestor, den Greis, und Odysseus, den Ruhm des bescheidenen Städtchens.
Lebte auch jener weit länger als du, dem dreimal der hundert
Jahre Titan an fruchtenden Stunden des Daseins gewährte,
irrte doch dieser im wilden Gestüm durch fremde Bezirke
bis zu dem Ende der Welt, das die fernsten Wellen umspülen.
Denn er bekämpfte das Volk der Ciconen mit feindlichen Waffen,
ließ sich vom Dufte des Lotos aus seiner Fahrt nicht verdrängen,
floh Polyphem, den Sohn des Neptun, in den Klüften des Ätna,
der vom Wein überwältigt und seines Auges beraubt war,
fuhr bei beruhigtem Meer auch hin zu des Äolus Winden,
suchte die Lästrygonen auf und ihren Beherrscher,
wo vom Artacischen Quell die eisigen Wasser entspringen;

solum nec doctae verterunt pocula Circes,
quamvis illa foret Solis genus, apta vel herbis
aptaque vel cantu veteres mutare figuras;
Cimmerion etiam obscuras accessit ad arces,
quis numquam candente dies adparuit ortu,
seu supra terras Phoebus seu curreret infra.
vidit, ut inferno Plutonis subdita regno
magna deum proles levibus discurreret umbris,
praeteriitque cita Sirenum litora puppi.
illum inter geminae nantem confinia mortis
nec Scyllae saevo conterruit impetus ore,
cum canibus rabidas inter fera serperet undas,
nec violenta suo consumpsit more Charybdis,
vel si sublimis fluctu consurgeret imo,
vel si interrupto nudaret gurgite pontum.
non violata vagi sileantur pascua Solis,
non amor et fecunda Atlantidos arva Calypsus,
finis et erroris miseri Phaeacia tellus.
atque haec seu nostras inter sunt cognita terras,
fabula sive novom dedit his erroribus orbem,
sit labor illius, tua dum facundia, maior.

   nam te non alius belli tenet aptius artes,
qua deceat tutam castris praeducere fossam,
qualiter adversos hosti defigere cervos,
quemve locum ducto melius sit claudere vallo,
fontibus ut dulces erumpat terra liquores,
ut facilisque tuis aditus sit et arduus hosti,
laudis et adsiduo vigeat certamine miles,
quis tardamve sudem melius celeremve sagittam
iecerit aut lento perfregerit obvia pilo,
aut quis equom celeremve arto conpescere freno
possit et effusas tardo permittere habenas,
inque vicem modo derecto contendere passu,
seu libeat, curvo brevius convertere gyro,

ihn allein verzauberten nicht die Becher der Circe,
die dem Sonnengeschlechte entstammt, die kundig auf Kräuter,
kundig auch, durch Gesang Gestalten zurückzuverwandeln.
Auch bestieg er der Kimmerer dunkle verwunschene Burgen,
denen noch niemals das schimmernde Licht des Tages geschienen,
ob nun unter der Erde, ob über ihr Phöbus dahinrollt;
sah in dem Düster der unteren Welt, in Plutos Bereichen,
Götterentsproßne als flüchtige Schatten sich regen und schweben.
Fuhr an dem Strand der Sirenen vorbei mit eilendem Kiele;
als den Schwimmenden dann ein doppeltes Sterben bedrohte,
schüchterte ihn nicht ein der Scylla wütender Rachen;
als ihn mit Hundegebell die tosenden Wogen verschlugen,
schlang ihn Charybdis die Rasende nicht in den Orcus hinunter,
sei's daß aus tiefstem Schlund zur Höhe er wieder geworfen,
sei's, daß der Strudel sich brach und daß ihn die Wellen entließen.
Auch sein Frevel an Helios' Rindern, er sei nicht verschwiegen,
nicht seine Liebe, der er gefrönt in Calypsos Gefilden,
wie die unselige Fahrt dann im Land der Phäaken beendet.
Ob das alles geschehen in Ländern, die uns bekannt sind,
ob er für seine Fahrten sich Neues selber erfabelt, —
sein war die Mühsal und Last, doch dir strömt beredter die Rede.
      Wer verstünde sich besser als du auf die Künste des Krieges?
Wie man am besten das Lager umzieht mit schützenden Gräben,
wie man Reiter zur Abwehr der Feinde am Boden befestigt,
wie man geeignete Stellen um Wälle zu werfen erkundet,
daß die Tore den Unsern bequem, den Feinden beschwerlich;
wo die Erde aus Quellen das köstliche Wasser uns spendet;
wie man Soldaten durch Lob zum hitzigen Wettstreite stachelt,
wer geschickter den stämmigen Pfahl, die schwingenden Pfeile
handhabt oder mit wuchtigem Wurfspieß den Feind überwindet,
wie man das stürmende Roß mit straffem Zügel im Zaum hält
und dem müde gelaufnen die Zügel länger läßt schleifen,
wie man bald in gestrecktem Galopp dem Ziele sich nähert,
bald, wenn es nötig, verhalten wendet im engeren Bogen;

quis parma, seu dextra velit seu laeva, tueri,
sive hac sive illac veniat gravis impetus hastae
amplior, aut signata cita loca tangere funda.
iam simul audacis venient certamina Martis,
adversisque parent acies concurrere signis,
tum tibi non desit faciem conponere pugnae,
seu sit opus quadratum acies consistat in agmen,
rectus ut aequatis decurrat frontibus ordo,
seu libeat duplicem seiunctim cernere Martem,
dexter uti laevom teneat dextrumque sinister
miles sitque duplex gemini victoria casus.

    at non per dubias errant mea carmina laudes:
nam bellis experta cano. testis mihi victae
fortis Iapydiae miles, testis quoque fallax
Pannonius gelidas passim disiectus in Alpes,
testis Arupinis et pauper natus in arvis,
quem siquis videat vetus ut non fregerit aetas,
terna minus Pyliae miretur saecula famae.
namque senex longae peragit dum tempora vitae,
centum fecundos Titan renovaverit annos,
ipse tamen velox celerem super edere corpus
audet equom validisque sedet moderator habenis.
te duce non alias conversus terga domator
libera Romanae subiecit colla catenae.

    nec tamen his contentus eris: maiora peractis
instant, compertum est veracibus ut mihi signis,
quis Amythaonius nequeat certare Melampus.
nam modo fulgentem Tyrio subtegmine vestem
indueras oriente die duce fertilis anni,
splendidior liquidis cum Sol caput extulit undis
et fera discordes tenuerunt flamina venti
curva nec adsuetos egerunt flumina cursus,
quin rapidum placidis etiam mare constitit undis,
nulla nec aerias volucris perlabitur auras

wie man sich weiß, sei es rechts oder links, mit dem Schilde zu schützen,
droht nun von hier oder dort der stärkere Angriff der Lanze,
wie mit der flinken Schleuder man trifft bezeichnete Ziele.
Wenn dann die ernstlichen Kämpfe des Gottes der Schlachten beginnen
und sich die Treffen bereits mit feindlichen Zeichen berennen,
dann fehlt die Gabe dir nicht, die Art des Kampfs zu gestalten,
ob es nun besser, die Reihen der Streiter im Viereck zu stellen,
daß die gerichtete Front in gleichen Linien stürme,
oder ob besser, in zwiefachem Treffen getrennt sie zu halten,
daß das rechte das linke der Feinde und umgekehrt schlage
und ein doppelter Sieg die doppelten Scharen vernichte.

 Aber nicht möglicher Ruhm nur soll gaukelnd im Liede erscheinen:
was durch Kriege bekannt ward, besing ich; die Zeugen des Sieges
sind mir Illyriens Krieger, Pannoniens tückische Männer,
die du zu Haufen zurück in die eisigen Alpen getrieben;
Zeugen die Leute, die arm in Arupiens Lande geboren,
wenn du sie siehst, wie ihnen das Alter die Kraft nicht gebrochen,
wundern dich nicht mehr so sehr die drei Jahrhunderte Nestors.
Dort kann ein Greis, der schon lange Zeiten des Lebens verbrachte,
dem Titan der fruchtenden Jahre schon hundert erneuert,
auf das stürmende Roß geschmeidigen Leibes sich schwingen,
sitzt fest auf und lenkt es behende mit kräftigem Zügel.
Dir gelang es, die nie noch besiegt im Kampf, zu bezwingen,
daß sie die freien Nacken dem römischen Joch unterwarfen.

 Doch auch dieses genüge dir nicht, noch größere Taten
stehn dir bevor, von denen so sichere Zeichen mir wurden,
daß selbst der Seher Melampus sie nicht zu bezweifeln vermöchte.
Als du soeben das weiße Gewand mit den Streifen aus Purpur
angetan am beginnenden Tage des glücklichen Neujahrs,
hob die Sonne ihr strahlendes Haupt aus dem silbernen Wasser,
sänftigten Gegenwinde des Winters wütende Stürme,
floß der Fluß, sich nicht stauend wie sonst, beruhigten Laufes
und das wogende Meer verebbte in spielenden Wellen,
selbst die heiteren Lüfte durchflog kein zwitschernder Vogel,

nec quadrupes densas depascitur aspera silvas:
quin largita tuis sunt multa silentia votis.
Iuppiter ipse levi vectus per inania curru
adfuit et caelo vicinum liquit Olympum
intentaque tuis precibus se praebuit aure
cunctaque veraci capite adnuit: additus aris
laetior eluxit structos super ignis acervos.

    quin hortante deo magnis insistere rebus
incipe: non idem tibi sint aliisque triumphi.
non te vicino remorabitur obvia Marte
Gallia nec latis audax Hispania terris
nec fera Theraeo tellus obsessa colono,
nec qua vel Nilus vel regia lympha Choaspes
profluit aut rapidus, Cyri dementia, Gyndes
aret Arecteis haud una per ostia campis,
nec qua regna vago Tamyris finivit Araxe,
inpia nec saevis celebrans convivia mensis
ultima vicinus Phoebo tenet arva Padaeus,
quaque Hebrus Tanaisque Getas rigat atque Magynos.
quid moror? Oceanus ponto qua continet orbem,
nulla tibi adversis regio sese offeret armis.
te manet invictus Romano Marte Britannus
teque interiecto mundi pars altera sole.

    nam circumfuso consistit in aere tellus
et quinque in partes toto disponitur orbe.
atque duae gelido vastantur frigore semper:
illic et densa tellus absconditur umbra,
et nulla incepto perlabitur unda liquore,
sed durata riget densam in glaciemque nivemque,
quippe ubi non umquam Titan super egerit ortus.
at media est Phoebi semper subiecta calori,
seu propior terris aestivom fertur in orbem
seu celer hibernas properat decurrere luces.
non igitur presso tellus exsurgit aratro,

auch kein wildes Getier benagte die Blätter des Waldes:
weil sich die Erde bei deinen Gebeten in Schweigen verhüllte.
Jupiter selbst kam im schwebenden Wagen herbei durch die Stille,
schwang sich vom Himmel hernieder, herab vom benachbarten Berge,
aufgeschlossen bot er sein Ohr deinen frommen Gebeten,
neigte das Haupt und winkte Gewährung; am hohen Altare
flammte das Holz nun leuchtend empor im heiligen Feuer.

    Weil dir so Großes die Götter verhießen, bewahre dich Großem;
rüste dich, schöner als andern sind dir die Triumphe beschieden.
Da zur Seite dir Mars, wird nichts deinem Wunsch widerstehen,
Gallien, Spanien nicht, des wilden Volkes Gefilde,
nicht des kretischen Theras noch unbezähmte Bewohner,
nicht die Lande des Nils und des Königsflusses der Perser,
nicht der wütende Gyndes, der Cyrus' Zürnen erregte
und in Babylons Flur verdorrt in vielen Gewinden,
auch der Araxes nicht an den Grenzen der kühnen Tamyris,
Indiens Flüsse nicht, dem Aufgang des Phöbus benachbart,
wo im verwilderten Mahl den frevelsten Sitten gefrönt wird,
nicht die Marizza, der Don bei den Goten und bei den Magynen.
Sag ich noch mehr? An den fernsten Enden der Grenzen des Weltmeers
gibt es kein Land, das sich wagt, mit Waffen dir feindlich zu nahen.
Deiner harrt nur Britannien noch, das Rom nicht besiegt hat,
deiner im Westen das Land, das andere Ende der Erde.

    Denn vom Lichte umflossen schwebt sicher die Erde im Weltall
und sie verteilt die Weite der Länder auf drei der Bezirke:
einer von ihnen verödet für immer in eisiger Kälte,
dort verschleiern die undurchdringlichsten Schatten die Fluren,
Bäche schlängeln sich dort nicht hin mit den Wassern der Schmelze,
alles erstarrt unterm Banne des Schnees und des ewigen Eises,
da der Wagen Titans diese Länder noch niemals erleuchtet.
Länder des Südens jedoch unterliegen der Hitze Apollos,
ob er im dörrenden Sommer sich allzusehr nähert der Erde,
ob sich im Winter das Licht seines Wagens beeilt zu entschwinden;
niemals hebt sich die Krume befurcht vom Pfluge nach oben,

nec frugem segetes praebent neque pabula terrae:
non illic colit arva deus, Bacchusve Ceresve,
nulla nec exustas habitant animalia partes.
fertilis hanc inter posita est interque rigentes
nostraque et huic adversa solo pars altera nostro,
quas similes utrimque tenens vicinia caeli
temperat, alter et alterius vires necat aer:
hinc placidus nobis per tempora vertitur annus,
hinc et colla iugo didicit submittere taurus
et lenta excelsos vitis conscendere ramos,
tondeturque seges maturos annua partus,
et ferro tellus, pontus confunditur aere,
quin etiam structis exsurgunt oppida muris.
ergo ubi per claros ierint tua facta triumphos,
solus utroque idem diceris magnus in orbe.

    non ego sum satis ad tantae praeconia laudis,
ipse mihi non si praescribat carmina Phoebus.
est tibi, qui possit magnis se accingere rebus,
Valgius: aeterno propior non alter Homero.
languida non noster peragit labor otia, quamvis
Fortuna, ut mos est illi, me adversa fatiget.
nam mihi, cum magnis opibus domus alta niteret,
cui fuerant flavi ditantes ordine sulci
horrea fecundas ad deficientia messis,
cuique pecus denso pascebant agmine colles,
et domino satis et nimium furique lupoque,
nunc desiderium superest: nam cura novatur,
cum memor ante actos semper dolor admonet annos.
sed licet asperiora cadant spolierque relictis,
non te deficient nostrae memorare Camenae.
nec solum tibi Pierii tribuentur honores:
pro te vel rapidas ausim maris ire per undas,
adversis hiberna licet tumeant freta ventis,
pro te vel densis solus subsistere turmis

sie versagt sich dem Säen des Korns, dem Säen des Futters;
niemals segnet die Gottheit die Fluren, nicht Bacchus, nicht Ceres,
niemals bewohnen auch Menschen und Tiere die dürren Gelände.
Zwischen den beiden Bezirken jedoch des Eises, der Hitze
liegt zum Ernten bereit unsrer Erde gesegnete Breite,
die den beiden benachbart in gleicher Weise der Sonne
Strahlen meidet und saugt, daß keine den anderen schaden.
Freundlich neigen sich uns die Kreise des wendenden Jahres,
lernt das Rind, seinen Nacken dem sanften Joch unterwerfen,
weiß die liebliche Rebe, die Ranken den Stangen zu schmiegen,
spendet die jährliche Frucht vom reifen Halme die Ernte,
wird mit dem Pfluge der Acker durchfurcht, mit dem Kiele das Weltmeer,
ragen in Mauern geborgen die Städte gesichert zum Himmel.
Hier wird, was du getan, in stolzem Triumphe gefeiert,
wirst du, wirst d u nur allein mit hohem Lobe gepriesen.

     Nimmer fühlt' ich mich würdig für solches Preisen und Loben,
wenn nicht Apollo mich selbst begeistert zu diesen Gesängen.
Valgius wäre berufener wohl so Hohes zu wagen,
keiner der Dichter als er steht näher Homer, dem Erhabenen.
Lässiges Nichtstun zog mich nicht ab von der Arbeit, auch wenn mich
eigenwilligen Sinnes Fortuna durch Schläge entkräftet.
War mir doch einstens zu eigen ein Gut mit spendenden Äckern,
wo mir die goldenen Furchen so schwere Ernten gewährten,
daß die Scheuern zu klein für die Fülle, zu klein für den Segen;
wo die Schafe am Hügel grasten in wimmelnder Herde
für den Herren genug, doch zuviel für die Diebe und Wölfe.
Sehnsucht nur blieb mir nach allem zurück und der Kummer erneuert
ewig den Schmerz, wenn ich denke der glücklich verflossenen Jahre.
Auch wenn Schwereres mir noch droht, mir das Letzte geraubt wird,
werde ich nimmer verfehlen, im Liede dich ruhmvoll zu loben.
Nicht nur der Preis des Musengesangs gebührt deinem Glanze:
treu dir wagte ich mich auf die jagenden Wellen des Meeres,
wenn der widrige Wind des Winters zu Wogen es aufwirft,
treu dir würfe ich mich in die dichtesten Scharen der Feinde,

vel parvom Aetnaeae corpus conmittere flammae.
sum quodcumque, tuom est. nostri si parvola cura
sit tibi, quanta libet, si sit modo, non mihi regna
Lydia, non magni potior sit fama Gylippi,
posse Meleteas nec mallem vincere chartas.
quod tibi si versus noster, totusve minusve,
vel bene sit notus summo vel inerret in ore,
nulla mihi statuent finem te fata canendi.
quin etiam mea tunc tumulus cum texerit ossa,
seu matura dies celerem properat mihi mortem,
longa manet seu vita, tamen, mutata figura
seu me finget equom rigidos percurrere campos
doctum seu tardi pecoris sim gloria taurus
sive ego per liquidum volucris vehar aera pennis,
quandocumque hominem me longa receperit aetas,
inceptis de te subtexam carmina chartis.

Liber quartus, 2–6

Sulpicia est tibi culta tuis, Mars magne, kalendis:
    spectatum e caelo, si sapis, ipse veni.
hoc Venus ignoscet: at tu, violente, caveto,
    ne tibi miranti turpiter arma cadant.
illius ex oculis, cum volt exurere divos,
    accendit geminas lampadas acer Amor.
illam, quidquid agit, quoquo vestigia movit,
    conponit furtim subsequiturque Decor.
seu soluit crines, fusis decet esse capillis,
    seu compsit, comptis est veneranda comis.
urit, seu Tyria voluit procedere palla,
    urit, seu nivea candida veste venit.
talis in aeterno felix Vertumnus Olympo
    mille habet ornatus, mille decenter habet.

ließ den gebrechlichen Leib in den Flammen des Ätna verbrennen.
Was ich auch bin, dir danke ich alles, und wärst du in Gnade,
wärst du gelassen gewogen mir nur, nicht Lydiens Reichtum
könnte mich reizen und nicht der Ruhm der harten Spartaner,
nicht die Gesänge Homers, die nachzuahmen vermessen.
Klingt meines Liedes der eine Vers dir, der and're dir lieblich,
liegt dir das ganze Gedicht dich erfreuend bereit auf der Zunge,
wird mir kein Schicksal verweigern, dich heute und stets zu besingen.
Wenn mein Gebein dann dereinst bedeckt wird vom Hügel des Grabmals,
sei's, daß mich allzugeschwinde ereilt die Schnelle des Todes,
sei's, daß mir lange das Leben noch blüht – und wenn ich verwandelt
als ein gelehriges Roß mich tummle auf eisstarren Fluren,
als ein behäbiger Stier, die Zierde bedächtiger Herde,
weile oder als Vogel auf Schwingen die Lüfte durchfliege,
wenn mir wahrhaftig nach langen Jahren ein Menschsein beschieden:
stets wieder würde ich, wie ich begonnen, Gesänge dir weben.

Lieder Tibulls für Sulpicia

Dir zur Feier, erhabener Mars, tat Sulpicia Schmuck an:
    sie zu sehn, wenn du klug, steige vom Himmel herab.
Venus wird dir's verzeihen: doch, Ungestümer, halt' an dich,
    daß dir vor Staunen der Schild schimpflich zur Erde nicht fällt!
An ihren Augen entzündet, um Götter zum Gluten zu bringen,
    seiner Fackeln Geleucht, Amor, der stürmische Gott.
Was die Holde auch tut, wohin sie immer den Schritt lenkt,
    Anmut schmückt sie geheim, Anmut verschönt ihre Spur.
Wenn sie die Locken sich löst, wie ziert sie das wallende Haupthaar;
    wenn sie geflochten es trägt, ist im Geflecht sie uns lieb.
Herzen entflammt sie, erscheint sie uns im Purpur des Mantels;
    Herzen entflammt sie zumal, hüllt sie ein weißes Gewand.
So hat im hohen Olymp der glückliche Gott allen Wandels
    tausend Gewänder zum Schmuck, tausende schmücken ihn schön.

sola puellarum digna est, cui mollia caris
    vellera det sucis bis madefacta Tyros,
possideatque, metit quidquid bene olentibus arvis
    cultor odoratae dives Arabs segetis,
et quascumque niger Rubro de litore gemmas
    proximus Eois colligit Indus aquis.
hanc vos, Pierides, festis cantate kalendis,
    et testudinea Phoebe superbe lyra.
hoc sollemne sacrum multos haec sumet in annos:
    dignior est vestro nulla puella choro.

*

Parce meo iuveni, seu quis bona pascua campi
    seu colis umbrosi devia montis aper,
nec tibi sit duros acuisse in proelia dentes,
    incolumem custos hunc mihi servet Amor.
sed procul abducit venandi Delia cura:
    o pereant silvae, deficiantque canes!
quis furor est, quae mens, densos indagine colles
    claudentem teneras laedere velle manus?
quidve iuvat furtim latebras intrare ferarum,
    candidaque hamatis crura notare rubis?
sed tamen, ut tecum liceat, Cerinthe, vagari,
    ipsa ego per montes retia torta feram,
ipsa ego velocis quaeram vestigia cervi
    et demam celeri ferrea vincla cani.
tunc mihi, tunc placeant silvae, si, lux mea, tecum
    arguar ante ipsas concubuisse plagas:
tunc veniat licet ad casses, inlaesus abibit,
    ne Veneris cupidae gaudia turbet, aper.
nunc sine me sit nulla venus, sed lege Dianae,
    caste puer, casta retia tange manu,
et quaecumque meo furtim subrepit amori,
    incidat in saevas diripienda feras.

Sie allein aller Mädchen ist wert, daß geschmeidige Wolle,
    doppelt mit Säften gefärbt, Tyros, das hohe, ihr beut,
daß ihr zu eigen, was erntet von reichen duftenden Fluren
    seiner gesegneten Saat Arabers emsiger Fleiß,
was an Perlen vom roten Gestade der Neger zum Licht bringt,
    wo von des Morgens Geburt Indiens Meere erglühn.
Sie, Pieriden, besingt am Tage des heiligen Festes;
    ihr zum Lobe auch sing', stolzer Apollo, dein Lied.
Viele Jahre noch soll sie solch heiliges Opferfest feiern,
    würdiger eurem Gesang war noch kein Mädchen als sie!

*

Eber, schone den Freund mir, mein Licht, wo saftige Wiesen,
    wo du am düsteren Berg weglose Felder bewohnst,
schärfe die wütenden Hauer dir nicht zum Kampfe und Angriff;
    Amor, bewahrender Gott, hüte vor Wunden ihn mir.
Denn Diana verführt zum Schweifen den Eifer des Jägers:
    Wälder, wie fluche ich euch; ach, daß es Hunde nicht gäb'!
Ist es nicht Frevel, nicht Wahnsinn, bewaldete Hügel durch Netze
    abzustecken, wenn dann Wundmal die Hände zerfetzt?
Und was nützt es denn, tückisch nach wildem Getiere zu stöbern,
    wenn der stachlige Strauch rötet dem Schenkel die Haut?
Wäre es, wär' mir's vergönnt, mit dir Cerinthus zu jagen
    selber durch Berge und Tal, trüg' ich die Netze dir nach,
selber sucht' ich die Spur des flüchtig eilenden Hirsches,
    löste dem hetzenden Hund gerne das eiserne Band.
Dann, ja dann wären Wälder mir lieb, und wenn mir's geschähe,
    daß ich in Liebe vereint läge mit dir vor dem Netz.
Käme der Eber der Falle dann nah, er zöge von dannen,
    daß er nicht störe die Lust findender Liebe Begier.
Bin ich dir fern, blüh' Liebe dir nicht; du diene Dianen,
    keuscher Knabe, berühr' keusch mit den Händen das Netz.
Wenn eine andere in meine Liebe verstohlen sich einschleicht,
    falle sie wildem Getier, das sie zerreiße, zum Raub.

at tu venandi studium concede parenti
    et celer in nostros ipse recurre sinus.

*

Huc ades et tenerae morbos expelle puellae,
    huc ades, intonsa Phoebe superbe coma.
crede mihi, propera, nec te iam, Phoebe, pigebit
    formosae medicas adplicuisse manus.
effice ne macies pallentes occupet artus,
    neu notet informis pallida membra color,
et quodcumque mali est, ęt quidquid triste timemus,
    in pelagus rapidis evehat amnis aquis.
sancte, veni, tecumque feras, quicumque sapores,
    quicumque et cantus corpora fessa levant,
neu iuvenem torque, metuit qui fata puellae
    votaque pro domina vix numeranda facit.
interdum vovet, interdum, quod langueat illa,
    dicit in aeternos aspera verba deos.
pone metum, Cerinthe: deus non laedit amantes.
    tu modo semper ama: salva puella tibi est.
nil opus est fletu: lacrimis erit aptius uti,
    si quando fuerit tristior illa tibi.
at nunc tota tua est, te solum candida secum
    cogitat, et frustra credula turba sedet.
Phoebe, fave: laus magna tibi tribuetur in uno
    corpore servato restituisse duos.
iam celeber, iam laetus eris, cum debita reddet
    certatim sanctis laetus uterque focis.
tunc te felicem dicet pia turba deorum,
    optabunt artes et sibi quisque tuas.

*

Du aber fröne dem Eifer der Jagd zur Seite des Vaters,
    kehre dann eilends zurück, werfe dich mir an die Brust.

*

Eile, Apollo, herbei, vertreib meiner zarten Geliebten
    Schmerzen des leidenden Leibs – Stolzer im wallenden Haar.
Traue mir, eile geschwind, es wird dich, Apollo, nicht reuen,
    wenn du die heilende Hand ihr auf den Busen gelegt.
Wirke, daß nicht Verfall die bleichenden Glieder ergreife,
    daß nicht verzehrendes Blaß Wangen ihr magre und Leib.
Was wir sonst noch an Unheil und was wir an Übel befürchten,
    schwemm in die Weite des Meers reißende Woge des Stroms.
Hehrer, komme herbei, bring mit dir, was immer an Düften,
    was an deinem Gesang leidende Leiber erfreut.
Quäle den Jüngling mir nicht, der um die Geliebte in Angst ist,
    der der Gelübde so viel heiß um die Herrin getan.
Siehe, jetzt schwört er und jetzt, wenn sie in Schmerzen ermattet,
    schleudert er Worte des Fluchs denen, die ewig sind, zu.
Sei nicht bange, Cerinthus, der Gott kränkt Liebende nimmer;
    liebst du nur innig und heiß, wird dir dein Mädchen gesund.
Heute ist klagen nicht not, du wirst die Tränen einst brauchen,
    wenn sie später einmal herber und spröde dir wird.
Heute noch ist sie ganz dein, in Reinheit denkt sie nur deiner,
    und es umbuhlen umsonst luftige Burschen ihr Herz.
Dank dir, Apollo, erhabenes Lob gebührt deinen Mächten,
    daß du in Einem zugleich Zweien das Leben geschenkt.
Du wirst gefeiert, wirst fröhlich nun sein, es bringen dir Opfer
    zwei, wetteifernd und froh deinem erhabnen Altar.
Glücklich preist dich die heilige Schar der seligen Götter,
    alle ersehnen solch Glück, hoffen, vertraun deiner Kunst.

*

Qui mihi te, Cerinthe, dies dedit, hic mihi sanctus
    atque inter festos semper habendus erit.
te nascente novum Parcae cecinere puellis
    servitium et dederunt regna superba tibi.
uror ego ante alias: iuvat hoc, Cerinthe, quod uror,
    si tibi de nobis mutuus ignis adest.
mutuus adsit amor, per te dulcissima furta
    perque tuos oculos per Geniumque rogo.
mane Geni, cape tura libens votisque faveto,
    si modo, cum de me cogitat, ille calet.
quodsi forte alios iam nunc suspiret amores,
    tunc precor infidos, sancte, relinque focos.
nec tu sis iniusta, Venus: vel serviat aeque
    vinctus uterque tibi, vel mea vincla leva.
sed potius valida teneamur uterque catena,
    nulla queat posthac quam soluisse dies.
optat idem iuvenis quod nos, sed tectius optat:
    nam pudet haec illum dicere verba palam.
at tu, Natalis, quoniam deus omnia sentis,
    adnue: quid refert, clamne palamne roget?

*

Natalis Iuno, sanctos cape turis acervos,
    quos tibi dat tenera docta puella manu.
tota tibi est hodie, tibi se laetissima compsit,
    staret ut ante tuos conspicienda focos.
illa quidem ornandi causas tibi, diva, relegat,
    est tamen, occulte cui placuisse velit.
at tu, sancta, fave, neu quis divellat amantes,
    sed iuveni quaeso mutua vincla para.
sic bene conpones: ullae non ille puellae
    servire aut cuiquam dignior illa viro.
nec possit cupidos vigilans deprendere custos,
    fallendique vias mille ministret Amor.

Siehe, der Tag, der dich mir geschenkt, mein Cerinthus, wird immer
　　heiter und festlich mir sein wie ein geheiligter Tag.
Als du geboren, da sangen die Parzen den Mädchen ein neues
　　Dienen und spendeten dir stolzen Beherrschens Gewähr.
Ich aber ward vor andern entbrannt; dich trifft es, Cerinthus,
　　wenn bald zu mir, bald zu dir wechselnd das Feuer uns springt.
Wechselbrand sei uns die Glut, ich fordre bei dir, deinen Augen,
　　bei deines Genius' Huld süßeste Küsse als Raub.
Genius bleibe, nimm Weihrauch als Opfer, begünst'ge die Schwüre,
　　daß er in Liebe erglüh', wenn er nur meiner gedenkt.
Sollte Verlangen nach andrer Liebe ihn sündlich entzünden,
　　Heiliger, höre mein Flehn, flieh den entweihten Altar.
Venus, sei uns gerecht, in gleichen Banden gebunden
　　dienen wir dir; wenn nicht, löse die Fessel uns leicht.
Lieber noch halte uns beide im Zwange stählerner Ketten,
　　die in Ewigkeit nie löse ein kommender Tag.
Wünsche mein Lieber das Gleiche wie ich, doch wünsch' er's verstohlen;
　　es verbietet mir Scham, daß er es offen begehrt.
Segne mich, Gott der Geburt, – denn Götter verstehen ja alles:
　　ob er mich, ach was tut's, heimlich, ob offen ersehnt.

*

Juno, Hüterin der Geburt, nimm gnädig den Weihrauch,
　　den die gelehrte Magd spendet mit bebender Hand.
Ganz gehört sie dir heut, dir schmückt sie glücklich ihr Haupthaar,
　　um vor deinem Altar ehrfurchterschauernd zu stehn;
weigert sich auch, die Gründe des Schmückens dir, Hehre, zu künden,
　　weil sie heimlicherweis' Gunst des Geliebten erheischt.
Du aber, Hehre, gewähre, daß keiner die Liebenden trenne,
　　binde mit wechselndem Band ihren Geliebten ihr zu.
Knüpfe es gnädig für sie, er soll keiner anderen dienen,
　　ihr auch erscheine kein Mann, der sie für würdiger hält.
Halte die wachsamen Wächter doch fern, die Liebende trennen,
　　dem, der täuschen will, zeigt tausend der Wege der Gott.

adnue purpureaque veni perlucida palla:
    ter tibi fit libo, ter, dea casta, mero.
praecipit et natae mater studiosa quod optat:
    illa aliud tacita, iam sua, mente rogat.
uritur, ut celeres urunt altaria flammae,
    nec, liceat quamvis, sana fuisse velit.
sis iuveni grata: veniet cum proximus annus,
    hic idem votis iam vetus extet amor.

Liber quartus, 7–12

Tandem venit amor, qualem texisse pudori
    quam nudasse alicui sit mihi fama magis.
exorata meis illum Cytherea Camenis
    attulit in nostrum deposuitque sinum.
exsoluit promissa Venus: mea gaudia narret,
    dicetur siquis non habuisse sua.
non ego signatis quicquam mandare tabellis,
    ne legat id nemo quam meus ante, velim,
sed peccasse iuvat, voltus conponere famae
    taedet: cum digno digna fuisse ferar.

*

Invisus natalis adest, qui rure molesto
    et sine Cerintho tristis agendus erit.
dulcius urbe quid est? an villa sit apta puellae
    atque Arretino frigidus amnis agro?
iam, nimium Messalla mei studiose, quiescas,
    neu tempestivae saepe propinque viae.
hic animum sensusque meos abducta relinquo,
    arbitrio quamvis non sinis esse meo.

*

Sei ihnen gnädig, erscheine im schimmernden Purpurgewande:
    dreimal Speise und Trank, Göttin, sie reich dir gewährt.
Lehrt schon die Mutter, in allem erfahren, der Tochter, was wünschbar,
    diese im Herzen geheim Heißeres innig begehrt.
Sie verzehrt sich, wie Flammen sich flüchtig am Altar verzehren,
    ja, selbst wenn es gewährt, wünscht sie nicht Heilung der Glut.
Dem Geliebten sei gnädig, und kehrt der Jahrestag wieder,
    soll ihre Liebe, schon alt, hier die Gebete dir weihn.

Sulpicias Briefe

Endlich ward mir die Liebe, die einst in Scham zu verschweigen
    schwerer mir war, als nun sie zu bekennen mir Zwang.
Von meinen flehenden Liedern beschworen führte die Göttin
    meinen Geliebten mir zu, legte ihn mir an die Brust.
Venus löste den Schwur: Von meinen Freuden erzähle
    Jeder, der kläglich sich rühmt: keine noch lag ihm im Arm.
Niemals werde ich dies versiegelten Briefen vertrauen,
    daß es keiner je les', eh' mein Geliebter es weiß.
Stolz macht mein Fehlen mich; dem guten Ruf nur sich beugen,
    schändet: würdig war er, würdig gab ich mich ihm preis.

*

Arm, ach, ist solch ein Namenstag auf verlassenem Lande,
    den ich ohne Cerinth einsam zu feiern verdammt.
Was ist schöner als Rom? Ist wahrlich ein Landhaus, ein Fluß gar,
    der im Eise erstarrt, würdig für eine, die liebt?
Gib dich zufrieden, Messalla, mit deiner so bohrenden Sorge,
    ist doch der nächste Weg oft der gelegene Weg.
Hier laß ich Liebe und Sehnen zurück, da ich einsam verlassen;
    ach, was duldest du nicht, daß man den Wunsch mir erfüllt.

*

Scis iter ex animo sublatum triste puellae?
    natali Romae iam licet esse suo.
omnibus ille dies nobis natalis agatur,
    qui nec opinanti nunc tibi forte venit.

*

Gratum est, securus multum quod iam tibi de me
    permittis, subito ne male inepta cadam.
sit tibi cura togae potior pressumque quasillo
    scortum quam Servi filia Sulpicia:
solliciti sunt pro nobis, quibus illa dolori est
    ne cedam ignoto, maxima causa, toro.

*

Estne tibi, Cerinthe, tuae pia cura puellae,
    quod mea nunc vexat corpora fessa calor?
a ego non aliter tristes evincere morbos
    optarim, quam te si quoque velle putem.
at mihi quid prosit morbos evincere, si tu
    nostra potes lento pectore ferre mala?

*

Ne tibi sim, mea lux, aeque iam fervida cura
    ac videor paucos ante fuisse dies,
si quicquam tota conmisi stulta iuventa,
    cuius me fatear paenituisse magis,
hesterna quam te solum quod nocte reliqui,
    ardorem cupiens dissimulare meum.

Wisse, dein Mädchen ist nun des widrigen Weges enthoben,
    und ich feire den Tag deiner Geburt mit in Rom.
Alle feiern wir deinen Tag, an dem du geboren,
    der dir durch Zufall so schön wider Erwarten nun wird.

*

Dank' dir, daß du so viel dir all zu sicher herausnahmst,
    was mich verletzt; denn nun wahr' ich mich deines Betrugs.
Ist dir ein Dirnchen lieber in feilem Gewand und mit Körbchen
    als Sulpicia, ich, Tochter von Adel und Stand?
Wisse, um mich sind viele bemüht, sie sorgen und hüten,
    daß meine Ehe mir rein, daß ich nicht falle in Schmach.

*

Bist du denn wirklich, Cerinth, um mich in liebender Sorge,
    ob auch mein Fieber mir jetzt quält den gepeinigten Leib?
Wisse, nicht anders möcht' ich die Qual des Krankseins verwinden,
    als ich wüßte genau, daß es dein heißester Wunsch.
Denn was nützt es mir wohl, die Krankheit verwinden, wenn du nur
    lässigen Sinnes erträgst, wie ich in Schmerzen mich quäl'?

*

Bin ich dir nicht mehr, mein Licht, ein Preis deines heißen Begehrens,
    wie es uns neulich geschah, wenige Tage ist's her,
weil ich, ich bin ja so jung, mich töricht zu dir benommen:
    Ich gestehe dir gern, daß es mich herzlicher reut
als, daß ich gestern zur Nacht allein dich und einsam gelassen,
    weil meine Liebe mich zwang, dir nicht zu zeigen die Glut.

Nulla tuum nobis subducet femina lectum:
    hoc primum iuncta est foedere nostra Venus.
tu mihi sola places, nec iam te praeter in urbe
    formosa est oculis ulla puella meis.
atque utinam posses uni mihi bella videri!
    displiceas aliis: sic ego tutus ero.
nil opus invidia est, procul absit gloria vulgi:
    qui sapit, in tacito gaudeat ipse sinu.
sic ego secretis possum bene vivere silvis,
    qua nulla humano sit via trita pede.
tu mihi curarum requies, tu nocte vel atra
    lumen, et in solis tu mihi turba locis.
nunc licet e caelo mittatur amica Tibullo,
    mittetur frustra deficietque Venus.
hoc tibi sancta tuae Iunonis numina iuro,
    quae sola ante alios est mihi magna deos.
quid facio demens? heu heu mea pignora cedo.
    iuravi stulte: proderat iste timor.
nunc tu fortis eris, nunc tu me audacius ures:
    hoc peperit misero garrula lingua malum.
iam faciam quodcumque voles, tuus usque manebo,
    nec fugiam notae servitium dominae,
sed Veneris sanctae considam vinctus ad aras.
    haec notat iniustos supplicibusque favet.

Rumor ait crebro nostram peccare puellam:
    nunc ego me surdis auribus esse velim.
crimina non haec sunt nostro sine facta dolore:
    quid miserum torques, rumor acerbe? tace!

Tibulls Klage

Nimmer entweihe ein Weib dein Bett, nur uns beiden geheiligt,
    wo uns in Liebe zuerst Venus die Bande geknüpft!
Du nur allein bist mir lieb, vor dir ist keine auf Erden
    wohlgestaltet wie du, die meinen Augen gefällt.
Könntest doch du nur mir, mir allein, als Schönste erscheinen.
    Wenn du den andern mißfällst, bist du mir sicher und treu.
Neid ist keinem uns not, fern bleibe das Rühmen der Menge;
    wer es versteht, der genießt schweigend die Lust deiner Brust.
So möcht' ich gern in heimlichen Wäldern mein Leben verbringen,
    wo kein menschlicher Fuß einsame Wege betritt.
Meiner Sorge die Ruhe wärst du; in düsteren Nächten
    wärst du mir Licht und wärst Wirbel mir einsamen Orts.
Wenn Tibull dann vom Himmel ein Dirnchen zur Liebe gesendet,
    wär' es vergebens gesandt, stellte sich Liebe nicht ein.
All das schwöre ich dir beim geheiligten Haupte der Juno,
    die mir als Göttin zu höchst über den anderen steht.
Bin ich denn wahrlich verhext? – Ach, ach, meine Schwüre verwünsch' ich;
    Tor war ich, daß ich es schwor: Ängste verstrickten mich nur.
Nun wirst du über mir sein, wirst kühner du Liebe mir schüren:
    Wie mir zu Recht dies geschieht, weil meine Zunge geschwätzt.
Siehe, schon wirke ich, was du nur willst; dir bin ich verfallen,
    nimmer entflieh' ich dem Dienst, den mir die Herrin verschreibt.
So, nun sink' ich besiegt und liege am Altar der Göttin,
    die den Verworfnen verwirft, die dem Begnadeten hilft.

Tibulls Fluch

Weltweit reicht das Geschrei, es sei die Geliebte mir untreu;
    ach, wie verwünsche ich mich, wären die Ohren mir taub!
Nur um Leid zu bereiten, sind solche Lügen erfunden;
    wie mich Verdammten das quält; schweige, verruchtes Gerücht.

Vita

Albius Tibullus, eques Romanus, insignis forma cultuque corporis observabilis, ante alios Corvinum Messalam originem dilexit, cuius etiam contubernalis Aquitanico bello militaribus donis donatus est. hic multorum iudicio principem inter elegiographos obtinet locum. epistolae quoque eius amatoriae, quamquam breves, omnino utiles sunt. obiit adolescens, ut indicat epigramma supra scriptum.

Lebensbeschreibung

Albius Tibullus, ein römischer Ritter, von schöner Gestalt und gepflegter Körperhaltung, verehrte vor allem den Redner Corvinius Messalla, dessen Zeltgenosse er im aquitanischen Kriege war, wo er auch Kriegsgeschenke erhielt. Nach Ansicht vieler nimmt er unter den Elegien-Dichtern die erste Stelle ein. Auch seine Liebesbriefe, obschon kurz, sind allenthalben nützlich zu lesen. Er starb als junger Mann, wie nachstehendes Epigramm zeigt.

AD TIBULLUM

Domitius Marsus

Te quoque Vergilio comitem non aequa, Tibulle,
    Mors iuvenem campos misit ad Elysios,
ne foret aut elegis molles qui fleret amores
    aut caneret forti regia bella pede.

Q. HORATIUS FLACCUS

Ad Albium Tibullum

Albi, ne doleas plus nimio memor
immitis Glycerae, neu miserabiles
decantes elegos, cur tibi iunior
    laesa praeniteat fide.

Insignem tenui fronte Lycorida
Cyri torret amor, Cyrus in asperam
declinat Pholoen: sed prius Appulis
    iungentur capreae lupis,

quam turpi Pholoe peccet adultero.
Sic visum Veneri, cui placet impares
formas atque animos sub iuga aenea
    saevo mittere cum ioco.

Ipsum me melior cum peteret Venus,
grata detinuit compede Myrtale
libertina, fretis acrior Hadriae
    curvantis Calabros sinus.

Carm. I, 33

AN TIBULL

Domitius Marsus

Dich auch, Tibull, entsandte zur Seite Virgils ein so harter
*   Tod zum Orkus hinab, der du doch Jüngling noch warst.*
Keiner singt uns nun mehr die süßen Klagen der Liebe,
*   keiner erhaben das Lied, wie sich die Fürsten bekriegt.*

HORAZ

An Albius Tibullus

Nimm doch, Albius, dir Glyceras falsches Herz
Nicht zu sehr zu Gemüt! Weine nicht deinen Schmerz
Laut in Klagegesang, daß sie um jüngres Blut
*   Dir, Tibull, ihre Treue brach!*

Sieh, Lykoris, die Maid reizend in schmaler Stirn,
Ist in Cyrus entbrannt, Cyrus in Pholoe,
Die verschmäht wieder ihn, und es gesellt sich eh'r
*   Zum apulischen Wolf das Lamm,*

Ehe Pholoe sich Cyrus' Begier ergibt.
Venus treibt es nun so! Grade was sich nicht schickt,
Nicht an Seele und Leib, spannt sie ins gleiche Joch,
*   In das eh'rne, und lacht dazu.*

Lag doch ich, als mir einst feinere Gunst gewinkt,
In der Zaubergewalt Myrtales' festgebannt,
Sie einst Sklavin und noch wilder als Hadrias Meer,
*   Das Kalabriens Buchten höhlt.*

Entnommen aus Horaz, Carmina
Ernst Heimeran Verlag 1927

Ad Albium Tibullum

Albi, nostrorum sermonum candide iudex,
quid nunc te dicam facere in regione Pedana?
scribere quod Cassi Parmensis opuscula vincat,
an tacitum silvas inter reptare salubres,
curantem quidquid dignum sapiente bonoque est?

Non tu corpus eras sine pectore: di tibi formam,
di tibi divitias dederunt artemque fruendi.
quid voveat dulci nutricula maius alumno,
qui sapere et fari possit quae sentiat, et cui
gratia, fama, valetudo contingat abunde
et mundus victus non deficiente crumena?

Inter spem curamque, timores inter et iras
omnem crede diem tibi diluxisse supremum:
grata superveniet, quae non sperabitur hora.
me pinguem et nitidum bene curata cute vises,
cum ridere voles, Epicuri de grege porcum.

Epistel I, 4

P. OVIDIUS NASO

Donec erunt ignes arcusque Cupidinis arma,
discentur numeri, culte Tibulle, tui.

Am. I, 15, v. 27–28

*

Vergilium vidi tantum, nec amara Tibullo
tempus amicitiae fata dedere meae;
successor fuit hic tibi, Galle, Propertius illi,
quartus ab his serie temporis ipse fui.

Trist. IV, 10, v. 51–54

*

An Albius Tibullus

Albius, meines Geplauders ein unbestechlicher Richter,
sage, was treibst du wohl jetzt in Pedums geliebten Gefilden?
Schreibst du an Liedern viel schöner als Cassius' kleine Gedichte,
schlenderst du schweigend im Schatten der kühlen, heilenden Wälder,
grübelst, was würdig und gut und was einem Weisen gebühre?
    Schlägt doch ein fühlendes Herz deine Brust und schenkten die Götter
Wohlgestalt, Wohlstand dir und Gemüt zum frohen Genießen.
Was vermöchte die Amme dem Lieblinge höher zu wünschen
als die Gabe, sein Fühlen zu kennen und schön es zu sagen,
Liebe zu haben und Ruhm und Gesundheit im Überfluß ewig
und ein artiges Haus mit nimmer versagendem Beutel?
    Zwischen Hoffen und Sorgen und zwischen Ängsten und Zürnen
spüre, daß jeglicher Tag, der dir blüht, der letzte auch sein kann:
heiter und glücklich erscheint dann die Stunde, die nicht mehr erhoffte.
Mich aber könntest du feist und glänzenden Felles gepflegt sehn,
wie ein Schwein aus dem Stall Epicurs. – Da würdest du lachen!

OVID

Wann noch immer die Pfeile der Liebe zum Feuer entflammen,
    ist man zu lernen bemüht deine Gedichte, Tibull.

*

Ach, Virgil, dich sah ich nur noch, und das bittere Schicksal
    gab mir die Tage nicht mehr, Freund des Tibullus zu sein.
Dieser folgte dir, Gallus, nach, Properz folgte jenem
    und in der Reihe der Zeit wurde der Vierte ich selbst.

*

Credere iuranti durum putat esse Tibullus,
  sic etiam de se quod neget illa viro;
fallere custodem dominam docuisse fatetur,
  seque sua miserum nunc ait arte premi;
saepe, velut gemmam dominae signumve probaret,
  per causam meminit se tetegisse manum,
utque refert, digitis saepe est nutuque locutus
  et tacitam mensae duxit in orbe notam,
et quibus e sucis abeat de corpore livor,
  inpresso fieri qui solet ore, docet;
denique ab incauto nimium petit illa marito,
  se quoque uti servet, peccet ut illa minus;
scit, cui latretur, cum solus obambulet, ipsas
  cui totiens clausas excreet ante fores,
multaque dat furti talis praecepta docetque,
  qua nuptae possint fallere ab arte viros.
non fuit hoc illi fraudi, legiturque Tibullus
  et placet et iam te principe notus erat.

Trist. II, v. 447–464

*

Memnona si mater, mater ploravit Achillem,
  et tangunt magnas tristia fata deas,
flebilis indignos, Elegeia, solve capillos!
  A! nimis ex vero nunc tibi nomen erit:
ille tui vates operis, tua fama, Tibullus
  ardet in extructo, corpus inane, rogo.
ecce, puer Veneris fert eversamque pharetram
  et fractos arcus et sine luce facem;
adspice, demissis ut eat miserabilis alis
  pectoraque infesta tundat aperta manu;
excipiunt lacrimas sparsi per colla capilli,
  oraque singultu concutiente sonant:

Einem Gelübde vertrauen ist fehl, das wußte Tibull schon,
 wußte, wie jedem zumut', den die Geliebte verriet.
Wie die Geliebte den Wächter betöre, er gab es zu wissen,
 dem seine trügende Kunst bitterste Leiden beschert.
Oft, um den Schmuck der Geliebten und ihre Ringe zu prüfen,
 suchte er, fand ihre Hand, wie er sich dessen berühmt.
Ja, er erzählt, wie sie oft mit Fingern und Winken ihm Zeichen
 auf die Runde des Tischs, ihn zu verständigen, gab.
Wie man am Nacken den Fleck mit Säften besänftige, lehrt er,
 den im Gefechte der Nacht ihr seine Lippe gesaugt;
wie er sie trotz des vertrauenden Mannes zur Sünde verführe,
 daß in Verruf sie nicht käm' — wenn sie zur Seite ihm läg';
wie man sich räuspert zur Nacht, wenn ein Hund den einsamen Wand'rer
 bellend verscheucht, der geheim steht vor verschlossener Tür.
Mancherlei Winke gab er dem Dieb solcher Fahrten und lehrte,
 wie man mit männlicher Kunst Frauen betört, die vermählt.
Ihm aber war es gewiß nicht Betrug — man lese die Lieder,
 freue sich seines Gesangs, ehre den Dichter Tibull!

       *

Wenn ihren Memnon die Mutter beweint, den Achilles die Mutter,
 wenn so gewaltiges Leid Göttinnen selber berührt,
löse dir, Elegie, in Weinen und Klagen die Haare!
 Ach, wie so bitter wird wahr, was uns dein Name besagt:
Deiner Gesänge Verkünder, Tibull, dein Ruhm und dein Priester
 wird auf den Scheitern verbrannt, und es entschwindet sein Leib.
Siehe, der Venusgeborne verschüttet die Pfeile des Köchers,
 bricht seinen Bogen entzwei, löscht seiner Fackel Geleucht.
Siehe, wie er mit hängenden Flügeln und weinend umherschleicht,
 wie er die Brüste sich schlägt schwer mit verletzender Hand.
Tränen quellen ihm aus den Augen und netzen den Hals ihm,
 und aus erschüttertem Mund quält sich ein schluchzender Laut.

fratris in Aeneae sic illum funere dicunt
    egressum tectis, pulcher Iule, tuis;
nec minus est confusa Venus moriente Tibullo,
    quam iuveni rupit cum ferus inguen aper.
at sacri vates et divum cura vocamur;
    sunt etiam, qui nos numen habere putent.
scilicet omne sacrum mors inportuna profanat,
    omnibus obscuras inicit illa manus!
quid pater Ismario, quid mater profuit Orpheo?
    carmine quid victas obstipuisse feras?
et Linon in silvis idem pater 'aelinon!' altis
    dicitur invita concinuisse lyra;
adice Maeonidem, a quo ceu fonte perenni
    vatum Pieriis ora rigantur aquis;
hunc quoque summa dies nigro submersit Averno.
    defugiunt avidos carmina sola rogos:
durat, opus vatum, Troiani fama laboris
    tardaque nocturno tela retexta dolo.
sic Nemesis longum, sic Delia nomen habebunt,
    altera cura recens, altera primus amor.
quid vos sacra iuvant? quid nunc Aegyptia prosunt
    sistra? quid in vacuo secubuisse toro?
cum rapiunt mala fata bonos – ignoscite fasso! –
    sollicitor nullos esse putare deos.
vive pius: moriere; pius cole sacra: colentem
    mors gravis a templis in cava busta trahet;
carminibus confide bonis: iacet, ecce, Tibullus;
    vix manet e toto, parva quod urna capit.
tene, sacer vates, flammae rapuere rogales
    pectoribus pasci nec timuere tuis?
aurea sanctorum potuissent templa deorum
    urere, quae tantum sustinere nefas.
avertit vultus, Erycis quae possidet arces:
    sunt quoque, qui lacrimas continuisse negant.

So schritt er einst zu Äneas' Begängnis, des eigenen Bruders,
  aus deinem hohen Haus, Julus, Erhabner, hervor.
Schwerer ward Venus vom Tode Tibulls gewiß nicht betroffen,
  als wie der Eber dereinst ihren Geliebten geritzt.
Ich aber heiße des Heiligen Seher und Sänger der Hebren;
  Kundige sagen, daß mich göttliches Wirken erfüllt.
Alles Erhabne entheiligt der Tod und vorzeiten erscheint er,
  allen legt er aufs Haupt seine verdunkelnde Hand!
Ach, was half denn dem Tereus der Vater, dem Orpheus die Mutter,
  daß sie die Tiere des Walds singend mit Liedern bezähmt?
Auch seinen Linos beweinte der Vater im ragenden Walde,
  was ihm die Leier versagt, schallte im Klagegesang.
Denk an Homer, aus seinem Gedicht wie aus ewigen Quellen
  floß den Musen zum Mund lieblichster Lieder Gesang.
Ihn auch tauchte der letzte der Tage zum Dunkel des Orkus,
  aus dem versehrenden Stoß schwang sich sein Lied nur empor.
Dauernd bleibt nur des Dichters Gesang, das Leid der Trojaner,
  und das gewebte Gewand abgewebt listig zur Nacht.
So wird Nemesis einst, wird Delia ewig genannt sein,
  jene dein jüngstes Leid, diese die erste dir lieb.
Nützt denn das Opfer jetzt noch und das Klappern ägyptischer Schellen?
  Nützt es noch, daß du dir keusch einsam dein Lager gewahrt?
Wenn ein Verhängnis die Edlen verdirbt — verzeih meinen Worten —
  stehe ich schaudernd und frag, lebt noch der Götter Geschlecht?
Führst du dich fromm, du wirst sterben; und opferst du fromm, noch im Opfer
  zwingt dich herab vom Altar grausam der Tod in das Grab.
Glaubst du an schöne Gesänge: Tibull, siehe, liegt hier gestorben,
  kaum noch füllt dir die Hand, was ihm zur Urne gebührt.
Kommt denn den Flammen des Scheiterhaufens nicht Angst, dich zu rauben,
  heiliger Dichter, nicht Furcht, dir zu verbrennen die Brust?
Goldene Tempel der Götter in Asche zu legen, die Schandtat
  könnten nur Toren begehn jeglichen Frevels bereit.
Venus selber vom First ihrer Burg, sie wendet ihr Antlitz;
  Wissende flüstern sich zu, was sie an Tränen vergoß!

sed tamen hoc melius, quam si Phaeacia tellus
    ignotum vili supposuisset humo:
hinc certe madidos fugientis pressit ocellos
    mater et in cineres ultima dona tulit;
hinc soror in partem misera cum matre doloris
    venit inornatas dilaniata comas,
cumque tuis sua iunxerunt Nemesisque priorque
    oscula nec solos destituere rogos.
Delia descendens 'felicius' inquit 'amata'
    sum tibi: vixisti, dum tuus ignis eram'.
cui Nemesis 'quid' ait 'tibi sunt mea damna dolori?
    me tenuit moriens deficiente manu'.
si tamen a nobis aliquid nisi nomen et umbra
    restat, in Elysia valla Tibullus erit:
obvius huic venias hedera iuvenalia cinctus
    tempora cum Calvo, docte Catulle, tuo;
tu quoque, si falsumst temerati crimen amici,
    sanguinis atque animae prodige Galle tuae.
his comes umbra tuast; siquast modo corporis umbra,
    auxisti numeros, culte Tibulle, pios.
ossa quieta, precor, tuta requiescite in urna,
    et sit humus cineri non onerosa tuo!

Am. III, 9

Glücklicher traf es sich so, als daß einst im Land der Phäaken
    allen uns unbekannt leicht ihn die Erde bedeckt.
Hier aber schloß ihm im Tode die feuchten Augen die Mutter,
    legte zur Asche ins Grab liebes und letztes Geschenk.
Hier auch eilte zur Seite der klagenden Mutter die Schwester,
    die sich im Schmerze ihr Haar wild und verzweifelnd zerrauft.
Mit ihren Küssen verbanden den Kuß die beiden Geliebten,
    Delia, Nemesis auch, daß nicht verlassen das Grab.
Delia neigte sich nieder und sprach: „Die am tiefsten Geliebte
    bin doch ich; denn du warst, als du mich liebtest, im Glück."
Nemesis sagte: „Was sind dir denn jetzt meine Fehler noch Schmerzen?
    Als du im Tode vergingst, hieltst du mir fliehend die Hand."
Wenn außer Name und Schatten ein Etwas nur irgend zurückbleibt,
    wird im elysischen Tal herrlich Tibull uns erstehn.
Dort aber kommt ihm, die Stirne der Jugend mit Efeu umwunden,
    Calvus entgegen, und kommst du auch, gelehrter Catull.
Gallus selbst wird erscheinen, Verschwender von Leben und Seele,
    wenn die Gerüchte nicht wahr, daß er den Freund einst verriet.
Diese begleitet dein Schatten, wenn Körper dort Schatten noch spenden:
    Mehrer des frommen Gesangs warst du, verehrter Tibull.
Ruhe dein Rest, so geht mein Gebet, nun fromm in der Urne,
    Ruhe in Frieden dein Grab, werde die Erde dir leicht.

Nachwort

Wie der wechselnde Wind nach allen Seiten die hohen
  Saaten im weichen Schwung niedergebogen durchwühlt:
Liebekranker Tibull! so unstet fluten, so reizend
  Deine Gesänge dahin, während der Gott dich bestürmt.

Diese lieben und schönen Verse Mörikes treffen das Geheimnis Tibulls
im tiefsten. Um dies zu verstehen, muß man davon ausgehen, daß es
im Gemeinschaftsleben eines Volkes notwendig zwei wertvolle Arten
wirkender Menschen gibt: Die um den Lebensbestand des Volkes rin-
genden politisch Tätigen und die auf die Seele des Volkes bedachten
Besinnlichen. Nur das glückliche Zusammenwirken beider Begabungen
verbürgt eine glückliche Zeit, wie es die Augusteische war. Aus beiden
Befähigungen entstehen Dichter, die Ausschöpfer des Inhaltes ihrer
Zeit und die Künder künftigen Werdens. War Horaz im gewaltigen
Geschehen der anhebenden Kaiserzeit aus leichten Nichtigkeiten zu
politischen Hymnen ersten Wertes gelangt, hatte sich Virgil nach
elegischen Jugendgedichten zu dem großen epischen Dichter der Römer
erhoben, der bewußt auf der Vergangenheit fußend die Grundlagen für
seine Zeit und eine weite Zukunft schuf, so waren Tibull und Properz
Bewahrer des inneren Kreises, aus dem sie Genesung von den Nöten
und Ängsten ihrer Zeit durch Rückschau auf die lebendigen und leben-
gestaltenden Kräfte der Ahnen erhofften.

Diesem inneren Kreise gehört Tibull vorzüglich an, ein Träumer wie
Hölderlin, Mörike, wie Stifter und Trakl, um nur wenige zu nennen,
ein Träumer, der sich mit Fleiß den harten Notwendigkeiten seiner
Zeit entzog, um im Eigenleben Befreiung und Erlösung zu finden. Es
ist ihm wie allen solchen Dichtern ergangen, die hinter dem Schritt der
Gewaltigen und ihrer Zeit zurückstehen mußten und dabei ein ge-
heimnisvolles, aber nicht minder wertvolles Werk schufen: er hat erst
ein spätes Nachleben gefunden.

Wie stand es nun mit unserm Tibull? Er war in das politische Ge
schehen seiner Zeit durch Kriegsdienste und Umwelt eingegliedert,
suchte sich ihm aber zu entziehen, wie und wo er nur konnte. Ebenso
wie er weitere Kriegsdienste, sobald er nicht mehr verpflichtet war,
ablehnte, wehrte er sich gegen den Zug der Zeit, nach augustisch
mäzenatischem Willen heroische Gedichte zu schaffen, die seinem
weichen, aufs Ländliche gerichteten Wesen widersprachen. Dabei war
es sein Glück, daß die ihm eigene Begabung einem besonderen Wunsche
des Augustus entgegenkam: durch Schilderung des erdgebundenen Land
lebens die Römer zur Nährmutter allen Gedeihens des Staates, zum
Ackerbau, zurückzuführen. Daß er die Auswüchse des lockeren Stadt
lebens, denen er selber leider nur allzusehr verhaftet war, beißend
geißelte, entspricht seinem Wesen und seiner Entwicklung. In all dem
dürfen wir Tibull nicht nach den Maßen unserer alle Lebensäußerungen
zu einem Zwecke zusammenfassenden Zeit beurteilen, sondern müssen
ihn mit den Augen und aus den Umständen seiner Zeit betrachten.
Was aber will all dies, was wir wohl heute nicht mehr billigen können,
sein unpolitisches Wesen, seine leichte Entzündlichkeit und seine
Knabenliebe, sagen gegenüber der Köstlichkeit seiner Dichtung! Wir
tauchen in ein weites und reines Meer edelster und echtester Gefühle,
wie es uns ähnlich weder im kaiserlichen Rom noch in der Latinität
überhaupt überliefert ist. Selbst Rückblicke auf das Griechentum ver
sagen vor der menschlichen und lebensnahen Dichtung Tibulls. Begriffe
unserer durch Klassik und Romantik geschulten Anschauung treffen
auf Tibull zu. Er ist ‚modern‘ in allen seinen Äußerungen und un
beschreiblich ‚nervös‘, wie es Mörike in seinen schönen Versen an
deutet.

Über das Leben Albius Tibulls erfahren wir aus seinen Werken und
der leider nur spärlichen Überlieferung folgendes:
Um 54 vor der Zeitenwende aus Rittergeschlecht geboren, leistete er
Kriegsdienste bei Marcus Valerius Messalla Corvinius (64 v. bis

13 n.), der in seiner Jugend dem Cäsar Mörder Cassius und dem Antonius anhing, nach Philippi 42 zu Octavian-Augustus überging und bei Actium 31 an dessen Seite kämpfte, mit ihm wohl auch in Asien und Ägypten 22 bis 19 war (Tib. I, 3, 13ff.). Tibull begleitete Messalla, wir wissen nicht wann, nach dem Osten, mußte aber krank in Korfu zurückbleiben (I, 3). 28 war er mit Messalla in Aquitanien (Südwestfrankreich) und wurde dort mit Kriegsgeschenken geehrt. 27 feierte Messalla seinen Triumph über Aquitanien, den Tibull in der schönen Elegie (I, 7) besang. Da ein römischer Ritter vom 17. Jahre an zehn Jahre Kriegsdienste zu leisten hatte, lag Tibulls militärische Tätigkeit, soweit man nach seinem ganzen Wesen von einer solchen sprechen kann, zwischen 37 bis 27, in welche Zeit die Schlacht bei Actium 31 fiel.

Außer dem aquitanischen Feldzug 28 ist nur noch eine Zeitangabe aus dem Leben Tibulls verbürgt, sein Tod. Er starb nach einem Epigramm des Domitius Marsus, eines Dichters aus dem Kreise um Mäzenas, bald nach Virgil, als dessen Todestag der 22. September 19 bezeugt ist. Tibull muß also Ende 19 oder im Jahre 18 verstorben sein; als juvenis sagt Marsus, das heißt als junger Mann in der Blüte seiner Vollkraft, das ist nach römischer Anschauung etwa das 36. Jahr. Hieraus haben die Gelehrten die oben angeführten Zeitangaben geschlossen, die mit annähernder Sicherheit das Richtige treffen.

Tibull war demnach 16 Jahre jünger als Virgil, 11 Jahre jünger als Horaz und 11 Jahre älter als Ovid. Horaz und Ovid überlebten ihn. Von beiden besitzen wir schöne und ehrende Gedichte über Tibull, Horaz Epist. I, 4, Carm. I, 33 und Ovid Am. III, 9 sowie kleiner Gelegenheitsverse.

Tibull stammte aus wohlhabendem Hause, verlor aber in seiner Jugend durch die Äckerverteilung an ausgediente Legionäre den größeren Teil seines Vermögens, ohne jedoch wirklich zu verarmen. Horaz rühmt ihn immer noch als wohlhabend; aus Tibulls Gedichten gewinnen

wir denselben Eindruck. Das Wort *paupertas* (I 1, 5 und 19) be-
deutet nicht Armut in dem jetzt landläufigen Sinne, sondern nur be-
scheidenes aber gesichertes Leben im Gegensatz zu großem Reichtum.
Seinen Vater erwähnt Tibull nicht, sondern nur Mutter und Schwe-
ster (I 3, 5ff.). Man hat hieraus und aus seinem weichen Wesen
schließen wollen, daß er von Frauen erzogen worden sei. Verheiratet
war er nicht. Er war von anmutiger Gestalt und edler Haltung; daß
seine Gesundheit zart war, geht aus vielen Stellen seiner Elegien
hervor.

In dem uns überlieferten Tibullianischen Werk von IV Büchern (neue
Einteilung) sind nur I, II und IV 2–14 von Tibull, III stammt von
einem sonst nicht bekannten Lygdamus, der stark von Tibull beeinflußt
ist, dessen Größe und Schönheit zwar nicht erreicht, aber doch
bisher zu Unrecht unterschätzt wurde. Das Gedicht IV 1, das
Messalla feiern will, hat einen Ungenannten zum Verfasser und ist
eine so minderwertige Arbeit, daß nur wenig Fleiß auf seine Über-
tragung verwendet wurde. Inwieweit die lieblichen kleinen Sulpicia-
Gedichte IV 7–12 von Tibull beeinflußt oder überarbeitet sind, läßt
sich nicht feststellen.

Der Übertragung liegt der lateinische Wortlaut der Teubnerschen
Ausgabe von F. W. Lenz, Leipzig 1937, zugrunde.

W. F.